人生大学讲堂书系

人生大学榜样讲堂

科学巨擘的人生贡献

KEXUEJUBO DE
RENSHEN GQONGXIAN

拾月 主编

主　编：拾　月
副主编：王洪锋　卢丽艳
编　委：张　帅　车　坤　丁　辉
　　　　李　丹　贾宇墨

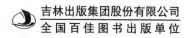

吉林出版集团股份有限公司
全国百佳图书出版单位

图书在版编目（CIP）数据

科学巨擘的人生贡献 / 拾月主编. -- 长春：吉林出版集团股
份有限公司，2016.2（2022.4重印）
（人生大学讲堂书系）
ISBN 978-7-5581-0724-5

Ⅰ．①科… Ⅱ．①拾… Ⅲ．①科学家－生平事迹－世界－青少
年读物 Ⅳ．①K816.1-49

中国版本图书馆CIP数据核字（2016）第041361号

KEXUEJUBO DE RENSHEN GQONGXIAN

科学巨擘的人生贡献

主　　编	拾　月	
副 主 编	王洪锋　卢丽艳	
责任编辑	杨亚仙	
装帧设计	刘美丽	

出　　版　吉林出版集团股份有限公司
发　　行　吉林出版集团社科图书有限公司
地　　址　吉林省长春市南关区福祉大路5788号　邮编：130118
印　　刷　鸿鹄（唐山）印务有限公司
电　　话　0431-81629712（总编办）　0431-81629729（营销中心）
抖 音 号　吉林出版集团社科图书有限公司　37009026326

开　　本　710 mm×1000 mm　1 / 16
印　　张　12
字　　数　200 千字
版　　次　2016 年 3 月第 1 版
印　　次　2022 年 4 月第 2 次印刷

书　　号　ISBN 978-7-5581-0724-5
定　　价　36.00 元

如有印装质量问题，请与市场营销中心联系调换。0431-81629729

"人生大学讲堂书系" 总前言

昙花一现，把耀眼的美只定格在了一瞬间，无数的努力、无数的付出只为这一个宁静的夜晚；蚕蛹在无数个黑夜中默默地等待，只为了有朝一日破茧成蝶，完成生命的飞跃。人生也一样，短暂却也耀眼。

每一个生命的诞生，都如摊开一张崭新的图画。岁月的年轮在四季的脚步中增长，生命在一呼一吸间得到升华。随着时间的推移，我们渐渐成长，对人生有了更深刻的认识：人的一生原来一直都在不停地学习。学习说话、学习走路、学习知识、学习为人处世……"活到老，学到老"远不是说说那么简单。

有梦就去追，永远不会觉得累。——假若你是一棵小草，即使没有花儿的艳丽，大树的强壮，但是你却可以为大地穿上美丽的外衣。假若你是一条无名的小溪，即使没有大海的浩瀚，大江的奔腾，但是你可以汇成浩浩荡荡的江河。人生也是如此，即使你是一个不出众的人，但只要你不断学习，坚持不懈，就一定会有流光溢彩之日。邓小平曾经说过："我没有上过大学，但我一向认为，从我出生那天起，就在上着人生这所大学。它没有毕业的一天，直到去见上帝。"

人生在世，需要目标、追求与奋斗；需要尝尽苦辣酸甜；需要在失败后汲取经验。俗话说，"不经历风雨，怎能见彩虹"，人生注定要九转曲折，没有谁的一生是一帆风顺的。生命中每一个挫折的降临，都是命运驱使你重新开始的机会，让你有朝一日苦尽甘来。每个人都曾遭受过打击与嘲讽，但人生都会有收获时节，你最终还是会奏响生命的乐章，唱出自己最美妙的歌！

正所谓，"失败是成功之母"。在漫长的成长路途中，我们都会经历无数次磨炼。但是，我们不能气馁，不能向失败认输。那样的话，就等于抛弃了自己。我们应该一往无前，怀着必胜的信念，迎接成功那一刻的辉煌……

感悟人生，我们应该懂得面对，这样人生才不会失去勇气……

感悟人生，我们应该知道乐观，这样生活才不会失去希望……

感悟人生，我们应该学会智慧，这样在社会上才不会迷失……

本套"人生大学讲堂书系"分别从"人生大学活法讲堂""人生大学名人讲堂""人生大学榜样讲堂""人生大学知识讲堂"四个方面，以人生的真知灼见去诠释人生大学这个主题的寓意和内涵，让每个人都能够读完"人生的大学"，成为一名"人生大学"的优等生，使每个人都能够创造出生命中的辉煌，让人生之花耀眼绚丽地绽放！

作为新时代的青年人，终究要登上人生大学的顶峰，打造自己的一片蓝天，像雄鹰一样展翅翱翔！

人生大学榜样讲堂丛书前言

生命如夏花般多彩绚丽，生活如山峦般催人攀登。历史的钟声在新世纪的节奏中激荡，成功的号角为有准备的人而吹响，稚嫩的新苗还需要汲取更多的阳光雨露，而榜样，正是新时代青年成长的指引，积聚力量的源泉。

时光暗淡了岁月的影子，却定格了幸福的记忆；历史风华了沧桑的背影，却铭记了伟人的足迹；时代没有挽留踟蹰的过去，却留住了奋进的力量。面对挑战，面对希望，面对成功，每一个饱含激情的青少年都会跳动着时代的最强音符，释放出自己的全部能量。但在很多时候，智者的提醒，成功者的引导，都会成为我们前进道路上的捷径。因他们曾经用一往无前的坚持丈量出生命的高度，用自身的人格魅力传播着人生的正能量，用锲而不舍的努力奏响了时代的最强音。因为他们满怀美好，积聚力量，从未停下奋斗的脚步……

榜样，如夜空中璀璨的群星，照亮我们前行的方向。榜样的力量是无穷的，以成功人士为榜样，可以找准人生的方向，收获成长的力量；榜样的力量是无穷的，古往今来，人类历史上涌现出了众多的成功人士，他们或睿智通达，或坚忍不拔，或矢志不渝，或勇于任事……这些成功人士犹如历史长河中的一颗颗明珠，绽放出绚烂夺目的光彩。

假如你的成长中缺少了你可以学习的榜样，一路上只有你自己摸索前行，生命该是怎样的艰辛困苦。父母给予生命，老师传授知识，榜样赋予理想。我们已经拥有了生命，掌握了一部分的知识，剩下的就是找一个敦促我们为理想前进的榜样，来填补成长的空白，培养健康的身心。

培根说过这样一句话："读史使人明智。"而历史，恰恰是由千千万万个杰出历史人物凝聚而成的。他们是某一个时代的骄傲，是一个民族的杰出灵魂。他们在自己的领域最大限度地发挥自己的灵性，守护着自己的理想，他们的名字将永远写在历史上……

因此，对于青少年来说，向榜样看齐不仅能够增长知识、了解历史、陶冶情操，还可以汲取这些成功人士身上的优秀品质，使自己变得睿智。尤为重要的是，当我们走近名人，感受他们的心跳，感受他们的高尚情操，感受他们永恒的精神力量时，你会在无形中重塑崭新的自我，让自己的意志更加顽强坚定、精神更加无私高尚、思想更加成熟出众。

很多当代思想家、教育家也都一致肯定，通过学习阅读人物传记，可以使青少年收获一个虚拟的"老师"和一个虚拟的"偶像"。这个"老师"可以扩展青少年的眼界、塑造青少年的心灵；而这个"偶像"可以引导青少年向名人学习，从而约束或改正自己的不良行为和不良嗜好……最终让青少年重新认识并规划自己的人生：激励自己，成长自己，升华自己！

本套《人生大学榜样讲堂》系列丛书包括《耀世名人的榜样力量》《时代先驱的求索道路》《文韬武略的沙场人生》《心灵导师的智慧人生》《文艺大师的情操风范》《科学巨擘的人生贡献》《医界英才的济世传奇》《探索英雄的传奇故事》《财富精英的创富密码》《精神领袖的人生坐标》10 本书，精选在各个领域中颇具代表性的成功人士的成长故事，为青少年的成长提供精神的营养、榜样的启迪。通过阅读《人生大学榜样讲堂》系列丛书，青少年不仅可以开阔眼界、增长见闻，还可以从榜样的经历中汲取拼搏的激情，领悟人生的真谛。本套丛书将每个榜样人物深刻地解读，字字值得品味，篇篇引人思索，让读者与书籍进行一次心灵的对话。读榜样故事，与大师交流，那些成功人士将指引你把握命运，点亮你智慧的火种，指引你前进的方向，激励你奋进的步伐，成就你美好的未来！

第1章　无私奉献：为推动人类文明进程而探究

第2章　孜孜不倦：致力于认识世界和改造世界

目录 Contents

第 7 章　一心为民：飞翔梦想与综合国力紧密相连

第 1 章

无私奉献：为推动人类文明进程而探究

对人类文明的发展来说，物理学方面的进步对其有巨大的推动作用。物理学的发展促进了科学技术的进步，而现代物理学更成为高新技术的基础。那些为了物理学事业鞠躬尽瘁的物理学家们就是科学前沿的开创者和实践者，他们为了物理事业表现出百折不挠的毅力与无私奉献的精神。这些为人类文明的发展不断前行的科学家不仅给后人留下了宝贵的科学财富，更留下了丰富、积极的个人精神。

第一节　阿基米德
——拥有"非一般"的研究精神

阿基米德（公元前287年～公元前212年）是古希腊伟大的哲学家、物理学家、数学家、力学家，他是静态力学和流体静力学的奠基人。公元前212年，古罗马军队入侵叙拉古，阿基米德被罗马士兵杀死，终年75岁。阿基米德的遗体葬在西西里岛，墓碑上刻着一个圆柱内切球的图形，以纪念他在几何学上的卓越贡献。

积极向有成就的人学习知识

阿基米德的杰出贡献促进了人类文明的发展。美国的 E.T. 贝尔在《数学人物》上是这样评价阿基米德的："任何一张开列有史以来三个最伟大的数学家的名单之中，必定会包括阿基米德，而另外两位通常是牛顿和高斯。"还有人说："除了伟大的牛顿和伟大的爱因斯坦，再没有一个人像阿基米德那样为人类的进步做出过这样大的贡献……他是理论天才与实验天才合于一人的理想化身。"

然而，阿基米德之所以能够取得如此辉煌成就，与他一直以来对知识的不断探求有关。他喜欢思考，喜欢帮助人们解决任何问题，只要有没有解决的难题，阿基米德都要积极参与。他拥有超乎常人的学习精神，最初，他追随那些能够给予他学习以帮助的有成就的导师们，当然，这也要感谢他良好的出身，为他奠定了可以接触那些学者的基础。

　　阿基米德出生于一个贵族家庭，他家在西西里岛的叙拉古。他从小就十分喜欢思考和参与辩论。阿基米德早年游历过古埃及，也在亚历山大城进行过一段时间的学习。据说他就是在亚历山大城学习那段时期发明了著名的"阿基米德式螺旋抽水机"。

　　到后来，阿基米德在学问上更是获得累累硕果，成为伟大的学者，更享有"力学之父"的美称。单是他流传于世的希腊文数学著作就有10余种之多。

阿基米德出生时，正值古希腊的辉煌文化逐渐衰退时期，经济、文化中心随之慢慢转移到埃及的亚历山大城。同时，意大利半岛上新兴的罗马共和国也正在进行势力扩张，北非迦太基这个新的国家正悄然兴起。外部环境可以用新旧势力交替来形容，阿基米德后来也成长在这种特殊的时代下。

阿基米德贵族的身份很令人羡慕，他的家族与叙拉古的赫农王是亲戚关系，所以家庭非常富有。但阿基米德的父亲为人谦逊，学识渊博，为他树立了榜样。在阿基米德刚满20岁时，正是因为和皇室的关系他才有机会去亚历山大城学习。那里是被别人誉为"智慧之都"的地方。无疑，阿基米德在这里所学到的知识，为他以后的发明创造打下了坚实的基础。

阿基米德的父亲是天文学家和数学家，所以他和父亲一样也特别喜爱数学。他的父亲在他20岁时候，将他送到埃及的亚历山大城念书。那时候的亚历山大城学者云集，可以说是当时世界的文化中心，不管是文学、数学还是天文学和医学的研究都非常发达。阿基米德每天都跟随那些著名的数学家进行学习，耳濡目染，自身能力也有了很大提高。俗话说"名师出高徒"，他的老师中有著名的几何学大师——欧几里得，这对阿基米德日后从事科学研究产生了很大影响。

在钻研时经常忘了吃饭

阿基米德可以在一段时间里极为专注地钻研某个问题，这种品质更加提高了他的数学才能。他在进行学习、钻研的同时，经常将日常的生活问题忽视。

从普卢塔克的著作中我们就能得知，阿基米德不仅会时常忘记了吃饭，有时候竟然还能忘记自己的存在。有时，其他人会强制他清洗身体或是敷油，但他自己几乎什么都不知道。有人说："对阿基米德来说，整洁似乎已与他无关。"阿基米德会在任何环境下寻找几何图形，如在火烧过的灰烬中寻找，在身上涂的油膏中寻找……总之是完全进入了一种忘我的境界。

可见，他就是这样如醉如痴地沉浸在对科学的热爱之中。

因为对科学研究的投入，阿基米德还发生了一些有趣的故事。阿基米德"心不在焉"的故事，最典型的要数关于叙拉古城国王赫农的王冠的故事。

那时候，国王怀疑金匠用一些合金物质偷换了他王冠上的黄金，便请阿基米德来想办法测定王冠的真正含金量。

阿基米德之前没有接触过类似的问题，所以一直解不开这道难题。直到有一天他在浴盆中泡澡，看到水往外溢突然间灵光一闪，想到可以用测定固体在水中排水量的办法来确定金冠的体积。当时他高兴地从浴盆里跳出来，边跑边欢呼着跑到叙拉古城的大街上，他喊道："我找到啦！我找到啦！"他就是这样沉浸在新发现的喜悦中，忘记了他还没来得及穿衣服。

这次试验的意义远远大过查出金匠欺骗国王，阿基米德从中发现了

"浮力定律"：物体在液体中所获得的浮力等于它所排出的液体的重量。后来他还留给后人一篇题为《论浮体》的论文，具体阐述了他在这一方面的理论。不仅如此，他还创立了机械学，发展了光学。同时他不仅发明了利民的水泵，还发现了滑轮、杠杆和复式滑轮的工作原理等。

普卢塔克的著作中留下过这样一个故事：

希伦国王很多疑，总是怀疑滑轮、杠杆这些简单机械装置的能力，左思右想后将阿基米德请过来实际演习一下。阿基米德想了想，选择用一种戏剧般的方式达成了国王的要求。他挑选了国王拥有的最大的一艘船只，要将它从陆地放到海中，假如不花费巨大人力根本没办法把这艘大船投放到海里，况且，还是在船上装满货物并且满载乘客的条件下。阿基米德叫工匠在船的前后左右安装了一套设计精巧的滑车和杠杆。那时候，只见阿基米德叫100多人在大船前面，抓住一根绳子，国王手里拿着另一根绳子，慢慢悠悠地拉动绳索，而大船便平稳、缓慢地开始向前滑动，最后，大船居然漫漫地滑到海中。

这样一来，国王对阿基米德产生了深刻印象。也正是那时候，国王发现了这位天才科学家是有宝贵才能的，倘若国家遇到危难时，像阿基米德这样的工程天才一定会有大用场。

公元前212年，罗马人在军士官马塞卢斯率领下进攻叙拉古城，国家到了危难的关头，面对罗马人的威胁，阿基米德受国家之命奋起保卫家园，他当时设计并督造了以投石器和起重机为代表的许多杀伤力很强的武器。而他的这项事业在当时来说算是个体军工企业了。

阿基米德享有"力学之父"的美称，他经过多次的实验发现了杠杆原理，之后又用几何演绎方法推出许多杠杆命题，并得出严格的证明，这就是著名的"阿基米德原理"。此外，他在数学上更有着辉煌的成就，尤其是在几何学方面，他的数学思想蕴涵着微积分的思想。当然，他也有欠缺的东西，就是没有极限概念，尽管如此，他的思想实质依旧伸展到了 17 世纪，深入到趋于成熟的无穷小分析领域里，预告了微积分的诞生。

希腊数学达到顶峰的标志就是阿基米德的几何著作。他把欧几里得严格的推理方法和柏拉图的丰富想象完美地结合在一起，达到了非常和谐的境界，从而"使得往后由开普勒、卡瓦列利、费马、牛顿、莱布尼茨等人继续培育起来的微积分日趋完美"。

阿基米德的研究精神令人叹服，在他不懈的努力下，取得了一个又一个举世瞩目的成果，让人类文明向前迈进一大步。

第二节 伽利略

——打破旧说创立新说的科学战士

伽利略·伽利雷生于 1564 年 2 月 15 日，卒于 1642 年 1 月 8 日，他是比萨大学的教授，是 16 ～ 17 世纪意大利伟大的物理学家、天文学家，伽利略在科学上为人类做出过巨大贡献，他发明了摆针和温度计，是近代实验科学的奠基人之一，被后人誉为"观测天文学之父"、"现代科学之父"和"现代物理学之父"。

在学习方面"不怎么听话"

伽利略的成长环境有些特殊，导致他在学习方面的叛逆行为。因为，他不想成为父亲梦想的牺牲品。

他的父亲凡山杜是个才华横溢的音乐家，在世时候曾经出版过一些关于牧歌和器乐的书籍。此外，他的数学也很优秀，还同时精通拉丁文、希腊文以及英文。起初他以音乐为生，可惜的是，美妙的音乐不足以填饱一家人的肚皮。后来，因为拥有数学才能，他找到了另一份工作，但是薪水依旧不高。

就在伽利略出生不久，他的父亲就在离比萨城不远的佛罗伦萨开始了自主创业，在那里开了一间卖毛织品的小铺子，可以说这也是不得已的办法，好在起码能维持一家人日常生活的开支。

伽利略的父亲是违背自己的意愿而去经商的，为自己不能做喜欢的工作而遗憾万分。因为伽利略是他的长子，所以他对伽利略寄予很大的希望。他希望伽利略成为一个德高望重的医生。

伽利略从小就聪明过人，好似对什么事物都充满强烈的好奇心。而且，伽利略心灵手巧，精力充沛，他似乎永远闲不住，不是弹琴，就是画画，还经常给弟弟妹妹们制作机动玩具，逗得弟弟妹妹们十分开心。

伽利略最早在佛罗伦萨修道院的学校里念书，在这所学校里他认真学习哲学和宗教知识，他甚至有段时间特别想日后当一个献身教会的传教士。但是，他的父亲听到这个消息后立刻把他带回家，并劝说他去学医，而不是当什么传教士。因为他父亲觉得这是为儿子的未来设计最好的一条路。

伽利略 17 岁那年进了著名的比萨大学进行学习，按照父亲的期望他当了医科学生。比萨大学是个非常古老、地位崇高的大学，学校图书馆藏书很多，这让伽利略很满意。但是，事实上伽利略对医学并没有多大兴趣，他甚至很少上课，就算是去上课也并不专心，有时候对教授们教课的内容提出各式各样疑问，让教授们难于回答。所以在教授们的眼里，伽利略是个很不听话的坏学生。

虽然伽利略的兴趣不在医学上，但他也没闲着，而是孜孜不倦地学习数学、物理学等自然科学，还经常用怀疑的眼光看待那些已经固有的、被人们奉为经典的古典学说。伽利略生活的时代正是欧洲历史上著名的文艺复兴时代，意大利正是文艺复兴的发源地。意大利如佛罗伦萨、热那亚和威尼斯等大城市都发展成为东西方贸易的中心，不仅有众多商号、手工作坊，还有很多早期的银行，也正是那时候出现了资本主义生产关系的萌芽。

由于意大利贸易往来的发达，印刷术得到大范围传播，先进的新思想的传播速度非常快，导致人们对千百年来束缚思想的宗教神学和传统教条逐渐产生了动摇。在这种新思想的影响下，伽利略更是发挥出了自己的创造力，不跟风、不盲从，没多久就在科学方面做出了巨大贡献。

敢于提出研究结论

有一次，伽利略来到他非常熟悉的比萨大教堂，他照常坐在一张长凳旁，仔细盯着教堂那雕刻精美的祭坛和拱形的廊柱。突然，教堂大厅中央的巨灯晃动起来。当然，并不是发生了什么可怕的事情，而是修理房屋的工人正在那里安装吊灯。

这件再平常不过的事情却给伽利略带来了新的启发，吊灯像钟摆一样晃动，在空中划出看不见的圆弧……伽利略像触电一样，他盯着摆动的吊灯并随它摆动。就这此时，他又用右手按着左腕的脉，开始计算吊灯摆动一次脉搏跳动的次数，来测试吊灯摆动的时间。

就是这样一个简单的计算，伽利略发现了一个秘密："不管圆弧大小，吊灯摆一次的时间总是一样的。起初吊灯摆得特别厉害，逐渐地它开始慢了下来，可是每摆动一次与他脉搏跳动的次数是一样的。

伽利略的大脑开始沸腾，他想到书本上清晰写着"摆经过一个短弧要比经过长弧快些"的结论，这可是古希腊哲学家亚里士多德的说法，至今还没有人提出过怀疑。是自己的眼睛出了毛病，还是自己测试有误？

伽利略带着疑问发了狂似地跑回大学宿舍，然后花大量时间来重复做这个试验。他找了不同长度的铁链和绳子，还费尽心思找到很多铁球、木球等。要么在房顶上，要么在树枝上，专注地一次又一次重复着实验，同时用沙漏记下摆动的时间。

根据实验的结果，伽利略大胆地得出这样的结论："亚里士多德的结论是错误的，决定摆动周期的，是绳子的长度，和它末端的物体重量没有关系。而且，相同长度的摆绳，摆动的周期是一样的。"这就是伽利略发现的"摆的运动规律"。

伽利略在提出论点后别提多高兴了，可是，那时候有谁会愿意相信一个普通医学生说的话呢？何况他否定的还是大名鼎鼎的亚里士多德！

恰巧在那时候，伽利略父亲的铺子经营越来越不景气，因此他本来就心情烦闷，再加上听说伽利略并没有好好学习医学，而是迷恋那些不着边际的实验，一气之下，他决定停止让伽利略继续上大学，而是让他回家去当一个店员。

伽利略离开了比萨大学回到佛罗伦萨。此时他灰心极了，他只能默默告诉自己，这条不被别人理解的路以后还要走。

伽利略家的铺子在佛罗伦萨一条相对冷清的街道上做毛织品生意，门面不大、生意清淡。伽利略每天看着匆匆过往的行人，然后呆呆地坐在柜台前出神，或者旁若无人地在那里摆弄一些乱七八糟的东西，如铁块、秤盘、盘子等，此外就是埋头书本里，每当他专注地看书时，他的父亲大声叫唤他他都听不见。

自从回到家里，伽利略可谓是"身在曹营心在汉"，他是一个一刻也没有忘记数学和物理学的店员。虽然没有良好的学习条件，也没有老师可以求教，但是他总会想方设法找到一些自然科学的书籍，然后刻苦自学。

因为爱好，伽利略愈加专心致志、苦心钻研数学和物理学，他把通过各种手段从宫廷数学家那里借来的每一本书都用心地一遍又一遍地阅读，然后像海绵吸水一样迅速地吸收在大脑中。但是，伽利略根本不是那种迷信于书本的人，那些人们认为是"真理"的"权威结论"，在伽利略的眼里常常要打个问号，然后提出疑问，亲自试验，最终成就了"近代实验科学的奠基人之一"的伟大称号。

当然，他也时常会为这些疑问而感到苦恼，然后陷入深深的思索之中。但就是这种怀疑和探索精神使他推翻了一些前人所认定的错误的"真理"，指导后来的学者们向真正的"真理"做出进一步的研究和验证，推动着人类的进步。

第三节　牛顿——不死板的头脑
最终能取得骄人成绩

牛顿生于 1643 年 1 月 4 日，卒于 1727 年 3 月 21 日，他是英国皇家学会会员，更是一位享誉世界的物理学家、天文学家、数学家、自然哲学家、炼金术士。他还是一位反对"三位一体"的不信耶稣否定"救赎论"和"原罪"的基督徒。他一生著有《自然哲学的数学原理》、《光学》、《二项式定理》和《微积分》，这些著作对科学的发展有着划时代的影响。

玩玩具不如做玩具

艾萨克·牛顿出生在英格兰林肯郡乡下的一个小村落，大约从 5 岁开始被家人送去读书，他当时的表现很普通，成绩一般，资质平常，跟"神童"这个称号简直有天壤之别。就拿制作玩具来说，他认为制作的过程和游戏没什么区别。在他看来，虽然这些手工制品和小发明并没太大的出彩效果，但是，他的科学梦想就是从这些小制造中逐渐建立起来的。

牛顿童年在家乡读书的时候可以说很不用功，但他的兴趣却十分广泛，玩游戏的本领也比一般儿童要高出很多。他平时制作的小玩具都很有意思，也因此得到了很多人的赞许。当然，正是因为牛顿从小就爱动脑，动手能力极强，对新鲜事物十分敏感，为他日后成为伟大科学家打基础。

虽然牛顿并非天资聪颖，但是他特别喜欢读书。他经常会看一些介绍各种简单机械模型制作方法的书籍，然后在观看中受到启发，之后促使自己动手去制作一些奇奇怪怪的小玩意，如木钟、风车、折叠式提灯等。牛顿制作玩具的方法很不一般。

听说牛顿小时候通过实践把风车的机械原理摸透后，自己期望着能制造出一架磨坊的模型，他还将老鼠系在一架有轮子的踏车上，在轮子的前面，也就是老鼠够不到的地方放上一粒玉米，这样老鼠想吃玉米的话就要不断地跑动，轮子就会被带着不停地转动，而轮子转动又会带动风车转动……

还有一次牛顿在夜间放风筝，他在绳子上拴上小灯，村人看到很还以为是彗星出现了！牛顿还会还制造小水钟，每每到了早晨，小水钟会自动向他脸上滴水，以此催他起床。

牛顿爱好广泛，他还喜欢绘画和雕刻，其中最为喜欢刻日晷，不管家里墙角还是窗台上到处都安放着他刻画的日晷，用以验看日影的移动。

牛顿12岁到离家很近的格兰瑟姆中学学习。因为牛顿以往的成绩很一般，所以母亲对他并没有太高期望，只希望他日后成为一个农民就好。

但是，牛顿本人可不这样想，他了解自己，知道自己要成为什么样的人，而不是别人眼中要成为的人。他酷爱读书，随着年龄逐渐增长，他越发喜爱读书，且喜欢沉思，同时还会做一些科学小实验。

请不要阻挡我对知识的渴求

牛顿在中学时代学习成绩开始变得出众，因为他爱好读书并对自然现象充满好奇心，所以他期望自己日后能成为有作为的人。但当时还有这样一段小插曲。

当时学校内有严格的等级制度，中小学里学习好的学生能够蔑视学习差的同学。所以一次课间游戏、大家正玩得兴起时，一个学习很好的学生无缘无故就踢了牛顿一脚，还骂他傻瓜。牛顿脆弱的心灵受到了严重刺激，他愤怒极了。他想不明白，同样都是学生，我凭什么要受他欺侮？也正是从那时起，牛顿产生了"我一定要超过他"的想法！从此牛顿开始刻苦钻研，学习成绩也不断提高，并且不久就超过了曾欺侮过他的那个同学，名列班级前茅。

但是理想终归是理想，现实很残酷，即使他学习成绩直线上升，但后来因为迫于生活的压力，牛顿的妈妈不让他继续学习了，而是停学在家务农，担起家庭生活的重任。

即便如此，牛顿只要有机会就埋首书卷，认真研读知识，导致经常忘了干活。

母亲经常让他同佣人一起去市场学习做交易的生意经，这时他便恳求佣人不跟随他，让他一个人上街，这就有了自己的私人空间，他经常躲在树丛后看书。

有一次，牛顿的舅父因为疑心牛顿工作不负责任就跟踪牛顿上市镇去，果然发现牛顿躺在草地上聚精会神地苦想一道数学问题。牛顿的好学精神没有让舅父生气，反而感动了舅父，于是舅父回到家里劝服了牛顿的母亲让牛顿复学，还鼓励牛顿上大学继续学习更高深的知识。

牛顿也因此得到了能为推动人类文明而做贡献的机会，被誉为"近代科学的开创者"的牛顿之后在科学上做出了巨大贡献。

在暴风中研究和计算风力

时间对人是一视同仁的，给人以同等的量，但人对时间的利用不同，所得的知识也多少一样。

牛顿16岁时了解的数学知识还很肤浅，对高深的数学知识甚至可以说是一窍不通。"知识在于积累，聪明来自学习"。牛顿下决心靠自己的努力攀上数学的高峰。在基础差的不利条件下，牛顿能正确认识自己，知难而进。他从基础知识、基本公式重新学起，扎扎实实，步步推进。他研究完了欧几里得几何学后，又研究笛卡尔几何学，对比之下觉得欧几里得几何学肤浅，便悉心钻研笛氏几何学，直到掌握要领，融会贯通。随后发明了"代数二项式定理"。传说中牛顿"大暴风中算风力"的佳话，可为牛顿身体力行的佐证。

　　有一天，刮着大风，风撒野地呼号着，尘土飞扬，迷迷漫漫，使人难以睁眼。牛顿认为这是个准确研究和计算风力的好机会。于是，便拿着用具，独自在暴风中来回奔走。他踉踉跄跄、吃力地测量着。几次沙尘迷了眼睛，几次风吹走了算纸，几次风使他不得不暂停工作，但都没有动摇他求知的欲望。他一遍又一遍，终于求得了正确的数据。他快乐极了，急忙跑回家去，继续进行研究。

　　经过勤奋学习，牛顿打下了深厚的基础，他日后的成就极大地推动了现代科学的发展。

　　牛顿的成绩斐然，但他不骄不傲，仍是个十分谦虚的人。牛顿说："假如我看得远些，那是因为我站在巨人们的肩上。"曾经有人问牛顿："你获得成功的秘诀是什么？"牛顿回答说："假如我有一点微小成就的话，没有其他秘诀，唯有勤奋而已。"

　　这些话看似简单实则意味深长。他一生有三大成就：万有引力定律、微积分学以及光的分析。他为现代科学开了先河，也奠定了基础，而他这番谦逊低调的话也正是获得巨大成就的奥妙所在吧！他的勤奋，他的奉献精神将永远发光，引领着后人，照耀着后人。

第四节　富兰克林
——愿意将成果慷慨于民

　　本杰明·富兰克林生于 1706 年，卒于 1790 年，是 18 世纪美国最伟大的科学家和发明家。同时他也是著名的政治家、外交家、哲学家、文学家和航海家以及美国独立战争的伟大领袖。他是美国独立战争的老战士，参加起草了《独立宣言》和美国宪法，积极主张废除奴隶制度，因此深受美国人民的崇敬。

为了科学拥有现身精神

富兰克林在12岁时来到哥哥经营的小印刷所当学徒，就这样，富兰克林在印刷所里一待就是将近10年。当时他只有两年的文化程度，虽然他没有什么文化，但很上进。他一直坚持自学，经常从自己的饭费中省下钱来去买想读的书，还利用工作之便有意识地结识了几个书店的学徒，然后请学徒朋友将书店的书趁着夜晚偷偷地拿出来借给他看，第二天一早再还回去。

富兰克林经常通宵达旦地读书，他很讲信用，在读完后的第二天清晨就急忙归还。富兰克林兴趣广泛，他阅读的范围很广，如自然科学的书、著名科学家的论文他都喜欢，此外一些技术方面的读物他也会借来看看，对于那些名作家的作品他更是爱不释手。

富兰克林于1736年当选为宾夕法尼亚州议会秘书，于1737年担任费城副邮务长。之后他的工作日趋繁重，即使这样他都每天坚持学习，从未停止过。

在他眼里，只要能进一步打开知识宝库的大门，他就会勤奋努力，永不停歇。

那时的他努力学习外国语，在短时间内就先后掌握了多国语言：法语、意大利语、西班牙语以及拉丁语。他大量吸收着世界科学文化的先进成果，同时也在不断为自己的科学研究奠定基础。这期间他还不忘为了研究而做一些危险的实验。

1752年6月的一天，天气突然转阴，乌云密布，之后又电闪雷鸣，眼看就要下暴风雨了。富兰克林看准时机，带着儿子威廉，拿着一个装有一个金属杆的风筝跑到离家不远处的一个空旷地带，他们要在这种天气里放风筝。

富兰克林高举风筝，然后让儿子拉着风筝的一端向远处奔跑。因为风大的缘故，风筝没多会儿就被放上高空。也就在那一刹那，雷电交加，大雨倾盆而至。富兰克林又跑到儿子身边与他一同拉着风筝线，然后二人静待着"奇迹"的发生……就在这时，一道闪电从风筝上迅速掠过，富兰克林尝试着用手慢慢靠近风筝上系好的铁丝，在碰到铁丝的一刹那他感到一种恐怖的麻木感。

此时他难以掩饰内心的激动，大声朝儿子喊道："威廉，我被电击了！"但他没时间与儿子多说怎么回事，而是快速将风筝线上的电引到带来的莱特瓶中。过了一会儿他才心满意足地带着儿子和刚刚获得的"电"回家了。

回到家里以后，富兰克林迫不及待地用储蓄的雷电进行各种电学实验。他想证明从大自然的雷电中取得的电和人工摩擦产生的电是一样的。实验结果没有让富兰克林失望，他在这次实验中得到了有力的证明——雷电与人工制造出来的电的确是一样的。

"风筝实验"的大获成功让全世界科学界人士认识了富兰克林，使他名声大振，就连英国皇家学会也主动给他送来了金质奖章，并且诚心诚意聘请他担任皇家学会的会员。

富兰克林的电学研究到此为止算是取得了初步的胜利，而后他发表的科学著作也相继被译成多国语言被人们传阅。在莫大的荣誉面前，富兰林没有骄傲，更没有从此停止对电学的研究，他要以此为起点，继续进行深入研究。

后来在1753年，俄国有一位著名的电学家叫利赫曼，他为了验证富兰克林的实验而重复了这个"风筝实验"，可惜的是他在实验中不幸被雷电击死。他的死在科学界引起了轩然大波，因为这可是做电实验的第一个牺牲者。他用血的代价换来了其他人对雷电试验的戒备心。

即使这样，富兰克林并不畏惧，他在死亡的威胁下从没想过退缩，后来又做了多次试验，终于制成了一根实用的避雷针。当时他用绝缘材料把大约几米长的铁杆固定在屋顶，然后在杆上紧拴着一根比较粗的导线通到地里，如果有雷电袭击房子时，就使电沿着金属杆通过导线直达大地，也就是将电流引向了别处，保护房屋建筑完好无损。

专注于造福人类的研究

避雷针于1754年开始应用，但因为那时人们对科学的认识有限，有些人甚至认为避雷针是不祥的东西，是违反天意的，肯定会遭受大自然的惩罚。所以那些愚昧的人就在夜里偷偷地把教堂顶部的避雷针拆掉了。然而，科学必将战胜愚昧，没过多久就刮起一场挟有雷电的大风，导致被拆掉避雷针的大教堂着火……那些装有避雷针的房屋却没受影响。这件事让人们不得不相信科学。

避雷针因此相继传到英国、德国、法国，最后普及世界各地。

富兰克林最早提出了电流的理论，他提出"电会沿着导体从正极流动到负极"，同时还创造了许多专业词汇，如"正电"、"负电"、"电池"等，直到今天我们还在使用。

18世纪大多数家庭都是依靠低效的老式壁炉来取暖，富兰克林认为壁炉不时迸出的火花会让屋子着火，很不安全。并且壁炉要烧很多木头，保暖能力也不好，所以"富兰克林炉"应运而生。

他发明的这种炉子也被称之为"循环炉"或者"宾夕法尼亚壁炉"，但因为这个炉子散热很快，销量不是很好。

在富兰克林的一生中，除了"科学家"称号外还有一个头衔是"美国邮政总局的副局长"。他在职期间时常接到一些来自民众提出抱怨的信件，大意为从欧洲到美国的信件经常比回程时间多出好几周。所以在富兰克林对一位楠塔基特岛的捕鲸船长进行了一系列咨询之后，发现洋流会影响航行速度，亲自绘制出了世界上第一幅墨西哥暖流的地图，地图北起西印度群岛，一直向东直到穿过大西洋。虽然富兰克林对英国商船船长们的航海建议很好，但是当时并没有受到船长们的重视。之后船长们在制定航海路线时才加入了对洋流因素的考虑，这才将运输时间减少了两周。富兰克林做出的贡献多到数不胜数，他的一生是造福人类的一生。

第五节　道尔顿
——终生未婚，把毕生精力献给科学

约翰·道尔顿是英国科学家，生于 1766 年，卒于 1844 年。他一生最大的贡献就是在 19 世纪初期将原子假说引入了科学主流。为此提供了关键的学说，因为他的学说促进了化学领域的巨大的进展。道尔顿具体的社会贡献是：道尔顿提出了较系统的"化学原子学说"，引入了"原子"和"原子量"，并在"容积分析方法"上做出了开拓性的贡献；建议用简单的符号来代表元素和化合物的组成；是首位发现色盲现象的科学家。

坚持不懈的气象迷

道尔顿从小就是一个气象迷，从 1787 年开始他就连续观测气象，没有因为任何外因而间断过，这种坚持一直到他临终前几小时才停止。道尔顿小时候，虽然没有良好的条件来让他进行观测，但他仍然能够克服困难，坚持进行观测。

道尔顿幼年家贫，他生在坎伯兰郡伊格斯菲尔德一个非常贫苦的贵格会织工家庭，到了学习的年龄后他只能进入贵格会的学校。

当时道尔顿有个老师叫鲁宾孙，家境富裕。老师很喜欢道尔顿，经常让道尔顿阅读自己的书和期刊。在道尔顿 12 岁时，老师鲁宾孙退休在家不再任教，由道尔顿接替自己的教职在学校里任教。那时候道尔顿工资很少，为了生计他开始务农。1781 年，道尔顿通过努力到肯德尔这个远亲家附近开办的一所学校继续任教。他的那个远亲最开始也在那所学校任职，1785 年远亲退休，道尔顿和他哥哥接替职责自然就成为学校负责人之一。他的科学研究开始萌芽和发展。

道尔顿在 1787 年 3 月 24 日正式记下了第一篇气象观测记录，这预示着他以后科学研究的方向，更是他以后科学发现的实验基础。据说，道尔顿之后几十年如一日，每天都仔细测量温度。他坚持在每天早上 6 点时准时打开窗户进行观测，这使得他家对面的邻居主妇一直以为道尔顿是个好男人，每天都会起来为家人做饭。

他一生记下了大约 20 万字的气象日记，为后人留下了恢宏的气象篇章。

有限的研究环境和设施不能满足道尔顿的科学研究了，道尔顿对当时的境遇感到不满，他希望去爱丁堡大学学习医学，将来成为一名医生。那时候几乎所有的朋友都反对他这样做，但他还是为此义无反顾。

他积累了足够的知识后，道尔顿开始公开授课，第一是要以此改善经济情况，第二就是尽量提高自己的学术声望。后来著名的物理学家詹姆斯·焦耳就是他的一名学生。

用后期努力弥补前期的学业空白

道尔顿因为家贫的缘故没有正式上过学，他只在1776年接受过数学的启蒙教育。早在1781年，他在肯德尔学校接任他老师的教职开始任教时，有幸认识了著名的盲人哲学家J·高夫。道尔顿是个懂得抓住机会的人，在J·高夫的帮助下，道尔顿自学了数学和自然哲学以及希腊文、拉丁文和法文。

这一时期的学习积累，让他于1793年～1799年在曼彻斯特新学院工作时，担任了数学和自然哲学的学科教授。

1794年，道尔顿任曼彻斯特文学和哲学学会会员；1800年任学会秘书；1817年～1818年任会长；1835年～1836年任英国学术协会化学分会副会长；1816年当选为法国科学院通讯院士；1822年当选为英国皇家学会会员……他的履历充满光辉，他的成功经历还有他为了人类的发展所努力做出的贡献是不能被人们遗忘的。

在1817年道尔顿当选曼彻斯特文学与哲学学会会长后，一心想要担任好此职，并且一直坚持任职到去世。与此同时，他还不忘继续进行科学研究，主要研究内容为：使用原子理论解释无水盐溶解时体积不发生变化的现象，并率先给出了容量分析法原理的描述。

遗憾的是，道尔顿到了晚年时思想逐渐僵化，不接受其他人的研究成果，甚至十分排斥盖·吕萨克的"气体分体积定律"，固执地采用自己的原子量数值进行研究，拒不接受已经被精确测量的数据，此外，他还极力反对永斯·雅各布·贝采利乌斯提出的简单的化学符号系统。这种种行为为他的研究之路制造了阻碍。

1844 年 7 月 26 日，年迈的道尔顿用颤抖的手写下了他有生以来的最后一篇气象观测记录。第二天他便从床上摔下，因为道尔顿终生未婚，后来服务员发现他摔在床下时他已然去世了。

后来，人们为更好地纪念道尔顿，将他的胸像安放在曼彻斯特市政厅的入口处，并且之后诸多化学家都使用"道尔顿"作为原子量的单位。

因为一生都没有成家，不免有些孤独和凄凉，但道尔顿就是这样，他把一切热忱都奉献给了科学，没有给自己的私人生活留下多少空间。道尔顿奉献精神不是常人能够做到的。道尔顿还有一件事情让人听了深受感动，那就是有关色盲症的一份研究。

道尔顿患有色盲症。由于他亲身经历着这种疾病，所以这种病所引发的症状更加引起了他的好奇心。之后他便开始有意识地研究这个课题，最终如愿发表了一篇有关色盲的论文，这篇论文是有关色盲的首篇论文。道尔顿能够做出这么伟大的成就，且自身还正是一个身患色盲的人，其努力让后人深刻感受到了一位科学巨人的伟大。

道尔顿一直希望在他死后，相关学者可以对他的眼睛进行检验，以找出他色盲的原因，为人类科学事业奉献自己。并且他一直认为色盲也许是由于他的水样液是蓝色的，但是在他去世后的尸检发现眼睛正常。这件事情并没有因此就结束。

1990 年，人们对他保存在皇家学会的一只眼睛又进行了一次 DNA 检测，发现他的眼睛中缺少对绿色敏感的色素。

道尔顿的职业生涯辉煌而对人类贡献极大。1803年，道尔顿继承古希腊朴素原子论和牛顿微粒说，提出"原子论"，创立"原子学说"，其要点为：

第一，化学元素由不可分的微粒——原子构成，它在一切化学变化中是不可再分的最小单位。

第二，同种元素的原子性质和质量都相同，不同元素原子的性质和质量各不相同，原子质量是元素基本特征之一。

第三，不同元素化合时，原子以简单整数比结合。推导并用实验证明倍比定律。如果一种元素的质量固定时，那么另一元素在各种化合物中的质量一定成简单整数比。

道尔顿最早是从事测定原子量工作的，他不仅发表了第一张原子量表，还提出了用相对比较的办法求取各元素的原子量，这一方法为后来测定元素原子量工作开辟了光辉前景。除此以外，道尔顿在气象学、物理学上的贡献也非常卓越。

1801年，道尔顿还提出气体分压定律——混合气体的总压力等于各组分气体的分压之和。道尔顿的一生一共宣读和发表过116篇论文，主要著作有《化学哲学的新体系》两册。

道尔顿从事科学研究的条件一直很艰苦，生活条件并不好，到后来还是英国政府在欧洲著名科学家的呼吁下才给予道尔顿一部分养老金。但是，道尔顿根本不舍得花，而是把它积蓄起来，最后捐赠给了曼彻斯特大学，以用作奖励学生进步的奖学金。恩格斯曾经指出："化学新时代是从原子论开始的，所以道尔顿应是'近代化学之父'。"这话正是对道尔顿一生的中肯评价。

第六节 焦耳
——努力将科学进行到底

詹姆斯·普雷斯科特·焦耳生于 1818 年 12 月 24 日，卒于 1889 年 10 月 11 日，他出生于曼彻斯特近郊的沙弗特，是英国著名物理学家。因为他在热学、热力学和电方面的突出贡献，英国皇家学会最终授予他最高荣誉的奖章——科普利奖章。他对人类发展事业做出了卓越贡献，后人为了纪念他，将能量或功的单位以他的名字命名，即"焦耳"，简称"焦"，还用焦耳姓氏的第一个字母"J"来标记热量。

实验在玩耍中也能进行

焦耳从小就跟着父亲频繁参加酿酒劳动，一直没有机会接受正规教育。直到青年时期，焦耳在他人的介绍下得以认识著名的化学家道尔顿，并拜道尔顿为老师，才开启了科学研究之路。道尔顿不仅热心给予焦耳一门学科的教导，而且教给了他数学、化学和哲学方面的全方位的科学知识。也正是这些知识的积累，为焦耳今后的研究奠定了坚实的理论基础。

而且道尔顿还用心教会了焦耳有效将理论和实践相结合的科研方法，这样一来，便激发了焦耳对物理与化学的兴趣。在道尔顿的鼓励下，焦耳最终决心从事科学研究工作。然而，虽然有道尔顿这样的好老师授予知识，但焦耳从小就对科学研究的那股执着劲儿，才是他之后得以成功的主要原因。

焦耳从小就很喜爱物理学，他常常自己动手做一些关于电、热之类的实验。有一年放假，焦耳和哥哥一起到郊外旅游。聪明好学的焦耳就是在玩耍的时候，也没有忘记做他的物理实验。

他找了一匹瘸腿的马，由他哥哥牵着，自己悄悄躲在后面，用伏达电池将电流通到马身上，想试一试动物在受到电流刺激后的反应。结果，他想看到的反应出现了，马受到电击后狂跳起来，差一点就把自己踢伤了。

尽管出现了危险，但这丝毫没有影响小焦耳的情绪。他和哥哥又划着船来到群山环绕的湖上，焦耳想在这里试一试回声有多大。他们在火枪里塞满了火药，然后扣动扳机。谁知"砰"的一声，从枪口里喷出一条长长的火苗，烧光了焦耳的眉毛，还险些把哥哥吓得掉进湖里。

这时，天空浓云密布，电闪雷鸣，刚想上岸躲雨的焦耳发现，每次闪电过后好一会儿才能听见轰隆的雷声，这是怎么回事？

焦耳顾不得躲雨，拉着哥哥爬上一个山头，用怀表认真记录下每次闪电到雷鸣之间相隔的时间。

开学后焦耳几乎是迫不及待地把自己做的实验都告诉了老师，并向老师请教。

老师望着勤学好问的焦耳笑了，耐心地为他讲解："光和声的传播速度是不一样的，光速快而声速慢，所以人们总是先见到闪电再听到雷声，而实际上闪电雷鸣是同时发生的。"

焦耳听后恍然大悟。从此，他对学习科学知识更加入迷。通过不断的学习和认真地观察计算，他终于发现了热功当量和能量守恒定律，成为一名出色的科学家。

焦耳的第一篇重要论文发表于 1840 年，论文被送到英国皇家学会。论文中清晰示意了电导体所发出的热量与电流强度、导体电阻以及通电时间的关系，这个定律就是我们如今熟知的"焦耳定律"。

焦耳提出了能量守恒与转化定律："能量既不会凭空消失，也不会凭空产生，它只能从一种形式转化成另一种形式，或者从一个物体转移到另一个物体，而能量的总量保持不变。"这一理论奠定了热力学第一定律的基础，也是"能量不灭"原理的基础。

后来，焦耳有幸当选为英国皇家学会会员。因为他在热学、热力学和电方面的突出贡献，皇家学会授予他最高荣誉的科普利奖章。然而，在焦耳光鲜学术的背后，他的求学之路并不是一片坦途……

工作之余搞科学实验

1834 年焦耳 16 岁，他和他的哥哥本杰明在父亲的安排下，被送到曼彻斯特文学与哲学学会，师从道尔顿，在其门下努力学习科学文化知识。焦耳和哥哥一同跟随道尔顿学习算术和几何，大约用了两年时间。再后来，道尔顿发了中风的疾病不得不退休，便不能再继续从教了。但是，跟随道尔顿的这段时间，影响了焦耳的一生，为他日后的学科大方向指明了道路。

焦耳的科学研究之路并不顺畅。在开始，他一直没有足够的时间去做科学实验，但他没有因此放弃，而是充分利用业余时间去进行。

焦耳与道尔顿分别后，开始接受约翰·戴维斯的指导。焦耳和哥哥两人都对电学十分着迷，他们曾经疯狂到做相互电击的实验，还用家里的仆人做过电学实验。焦耳毕业后并没有开始科学研究工作，而是开始经营父亲留下的啤酒厂，此后焦耳在经营上都一直很活跃。

到 1854 年，焦耳才卖出了啤酒厂。那时候工作之余，科学研究一直是焦耳的业余爱好，从未间断，直到后来他开始研究用新发明的电动机来替换啤酒厂的蒸汽机的可行性，才决定正式投入科学研究道路，将业余转化为主业。

焦耳 1838 年在《电学年鉴》上发表第一篇关于电学的科学论文，《电学年鉴》是份学术期刊，由焦耳曾经的老师、戴维斯的同事威廉·斯特金创办和主持。1840 年，焦耳得出了焦耳定律的公式，他原以为这一理论会让皇家学会为之惊讶，没想到后来发现，自己只是被当作乡下的科学爱好者，以很轻视态度被发表了。

同年，斯特金搬到曼彻斯特，此后他和焦耳二人成了这个城市知识分子的核心。那时候他们都感受到"科学和神学应该并且可能整合在一起"的。焦耳也就是从那时候开始在斯特金的皇家维多利亚实践科学讲座上开办讲座的。

1837 年，焦耳发明成功用电池驱动的电磁机，并发表了这方面的论文，由此引起人们的注意。3 年后，焦耳实验将环形线圈放入盛水的试管中，用来测量不同电流的强度和电阻时的水温。同年 12 月，焦耳在英国皇家学会上宣读了电流生热的相关论文，中途正式提出"电流通过导体而产生热量的定律"。没过多久，俄国一位物理学家楞次也继焦耳之后独立发现了相同的定律，所以日后人们将此定律也称为"焦耳 - 楞次定律"。

    1847 年，焦耳做了一个震惊世界的实验，也是迄今为止被认为是设计思想最巧妙的实验。实验的相关记叙为："焦耳在量热器里装了水，中间安上带有叶片的转轴，然后让下降重物带动叶片旋转，由于叶片和水的摩擦，水和量热器都变热了。根据重物下落的高度，可以算出转化的机械功；根据量热器内水的升高的温度，就可以计算水的内能的升高值。把两数进行比较就可以求出热功当量的准确值来。"

焦耳的实验物品很广泛，他还曾经用过鲸鱼油取代水来作实验，实验成功测得了热功当量的平均值，即 423.9 千克米／千卡。后来又选择用水银代替水进行实验，以此思维不断改进实验方法和内容，实验持续到 1878 年，这一时间距离他最开始进行这一工作有大约 40 年时间了，他前后用多种方法进行实验大约 400 多次。

从 1875 年开始，焦耳的经济状况每况愈下，这位曾经过着富足生活的人突然发现自己在经济上逐渐处于困境。但所幸之后他的朋友帮他得到一笔每年 200 英镑的养老金，这样他晚年的时候可以继续维持舒适的生活。在焦耳 55 岁时他的健康出现问题，导致研究工作放缓，5 年后焦耳发表了他的最后一篇论文。

焦耳的一生都在进行着研究实验，他热爱这些实验，渴求得到真知，在他孜孜不倦的努力下，伟大的科学结果横空出世，让世界向前迈了一大步。

第七节　霍金
——身残志不残的传奇科学家

霍金出生于 1942 年 1 月 8 日，卒于 2018 年 3 月 14 日，是一位传奇的科学家。霍金出生的那天恰巧是伽利略逝世 300 周年忌日，他的出生地是英国牛津。他的父亲也不是一个普通的人，而是曾经毕业于牛津大学的热带病专家，母亲叫伊莎贝尔，1930 时在牛津大学研究哲学、政治和经济。第二次世界大战时期，英国遭受纳粹德军狂轰滥炸，使霍金一家被迫搬离海格特的家园，来到牛津开始了避难的生活，但没过多久又举家回到伦敦。

霍金小时候成绩很一般，但他和别的同学有很大的不同，他喜欢设计极为复杂的玩具，有传言还说他曾做出一台简单的电脑。1959 年霍金 17 岁，进入牛津大学攻读自然科学，他用了很短的时间得到一等荣誉学位，之后又进入剑桥大学研究宇宙学。

没有被可怕的疾病摧毁

霍金在 21 岁时不幸患上了一种可怕的疾病，名为卢伽雷氏症，疾病让他的肌肉萎缩，因此病他开始了被禁锢在轮椅上的生活。他全身上下只有 3 根手指能够活动。

随着疾病的加重，霍金的身体已经严重变形，头部只能无奈地朝右边倾斜，肩膀也不平，是左低右高的，而双手则是紧紧并在身体两侧，手里握着大约手掌大小的拟声器键盘。霍金的双脚也严重变形，脚是朝内扭曲着的，嘴巴也已经歪成 S 型，如果他想要略带微笑示人的话，立即就会出现类似"龇牙咧嘴"的奇怪模样。

霍金的这一造型好像已经成为他的标志性形象。1985 年，霍金患上肺炎，他不得不做了穿气管手术，手术后他说话的能力被彻底剥夺。之后想要做演讲和回答问题以及与人交流只能通过语音合成器来完成。

那时候医生说他最多只能再活两年，但是他比预期多活了 30 多年。

身体上的严重残疾并没有阻碍霍金的科学研究之路，他强大的和积极的精神力量就是搀扶他前行的有力拐杖。他对科学的不懈追求之心就是前行的动力。

即使是坐在轮椅上，即使很早就被人"判处"了死刑，但霍金对这些都并不在乎，因为他只在乎一点：对世界进行全新的探索，开启那些从未被人开启过的神秘面纱……

霍金在 1972 年开始考查黑洞附近的量子效应，他惊奇地发现黑洞能够像天体一样发出辐射，这种辐射的温度与黑洞质量成反比。也就是说，黑洞会由于辐射的存在而慢慢变小，温度却反而越变越高，最终会以爆炸告终。霍金的这个"黑洞辐射或霍金辐射"的发现具有非常重要的意义，最重要的是，他将引力、量子力学、统计力学完美地统一在一起了。

在科学成就上，霍金具有十分巨大的影响力，他是有史以来最杰出的科学家之一。人们一定想不到，他因为疾病被禁锢在轮椅上几十年之久，但在被禁锢期间却做出如此巨大的贡献，这是真正的空前绝后。人们经常说"上帝对每个人都是公平的"。霍金在身体上是有严重缺陷的，但他的头脑十分聪明，同时是个敢于和挫折做斗争的人。他的科学贡献对于全人类的来说有极为深远的影响，因此世界各大媒介早就针对他如何与全身瘫痪搏斗做出过诸多描述。

乐观对待生命、对待科学

一个曾经采访过霍金的人回忆，1979 年第一次见到霍金时的情景一直让他难以忘记："那一次是参加剑桥霍金广义相对论小组的讨论班，身后门一打开，脑后忽然响起一种非常微弱的电器的声音，回头一看，只见一个骨瘦如柴的人斜躺在电动轮椅上，他自己驱动着电开关。他对首次见到他的人对其残疾程度的吃惊早已习惯，他要用很大努力才能举起头来。"

即使这样，霍金依旧正视生命，积极从事科学研究。在霍金失声之前，也只是用极为微弱的"变了形"的语言与他人交谈，而这种语言如果不是经常陪他工作的人也是不能懂得的。霍金根本没有写字能力，看书也需要依赖一种能够翻书页的机器才可以，在他读文献的时候，需要让他人将每一页书摊平在一张很大办的公桌上，之后他自己驱动轮椅前往，围着书籍"如蚕吃桑叶"般慢慢阅读。

这种精神实在让人佩服。人们对霍金般坚强的意志以及追求终极真理的灵魂不得不发出深刻的敬意。而人们从他对身边翻译者的一些帮助中也能够体会到，霍金还是一位富有人情味的人，即使他的伟大成就把他凸显得那么崇高。

> 霍金每天都要驱动他的特制轮椅从剑桥西路5号（他的家）出发，穿过美丽的剑河、古老的国王学院，然后抵达银街的应用数学和理论物理系的办公室。有人特意为他的轮椅能够更加便利行走修了一段斜坡路。
> 霍金身残志不残，是个非常乐观的人。

剑桥大学富有学术传统，霍金在剑桥大学担任的职务是剑桥大学有史以来最为崇高的教授职务，这个职务就是牛顿和狄拉克曾经担任过的"卢卡斯数学教授"。霍金还拥有好几个荣誉学位，他还是英国皇家学会最年轻的会员。

在公众评价中，霍金被誉为是继阿尔伯特·爱因斯坦之后最杰出的理论物理学家之一。他提出："宇宙大爆炸自奇点开始，时间由此刻开始，黑洞最终会蒸发。"在20世纪物理学的两大基础理论中，也就是爱因斯坦的相对论以及普朗克的量子论方面，霍金也迈出了非常重要的一步，他的贡献同样推动了人类文明的发展。

霍金被禁锢在轮椅上已经有50年之久，他从未因此放弃任何理想，反而尽力用科技弥用劣势，用坚强的意志克服了残疾之痛，最终成功成为国际物理界的超级巨星。看起来他是那么无助地坐在轮椅上，但是，他的思想却能让人们仿佛正在遨游广袤的时空，逐渐解开宇宙的奥秘。

此外，霍金还是个生活强者。2007 年 4 月，即使霍金的身体有很大残缺，但他是在飞机上体验过零重力的人！他的生命是那么富有魅力……

他不停歇求索的科学精神，他勇敢顽强的人格力量，深深地吸引每一个知晓他的人。他几乎全身瘫痪，但他仍旧著成一本至今已出售逾 2500 万册的书籍——《时间简史》。此书最早于 1988 年出版，后来成为全球最畅销的科普著作之一。

他被世人誉为"在世的最伟大的科学家"、"不折不扣的生活强者"、"另一个爱因斯坦"、"敢于向命运挑战的人"，甚至是伟大的"宇宙之王"，可见他对科学的贡献是毋庸置疑的。

第 2 章

孜孜不倦：致力于认识世界和改造世界

　　科学技术在20世纪迅速发展，人类因此享受到巨大的物质财富和精神财富，科技发展也为人类认识世界和改造世界奠定了坚实的基础。化学作为一门能够认识和改造世界的重要学科，在20世纪也得到前所未有的大发展。而推动化学事业不断发展的正是那些孜孜不倦、艰苦奋斗的化学家们……

第一节　鲍林
——无论条件多艰难都刻苦攻读

莱纳斯·卡尔·鲍林，1901年2月28日出生在美国俄勒冈州的波特兰市。美国著名化学家，量子化学和结构生物学的先驱者之一，他从小就聪明好学，11岁时与心理学教授捷夫列斯相识。当时捷夫列斯有一个属于自己的私人实验室，在那里，他曾给小鲍林演示过很多十分有意思的化学实验，这让鲍林从那时就萌生了对化学的热爱，而这种热爱最终指引鲍林走上了研究化学的道路。

"半工半读"的艰难求索之路

我们现在所用的所有材料几乎都离不开化学。20世纪和21世纪是化学的世纪，化学对人类的贡献是巨大的，几乎遍布我们熟悉的各个方面，比如我们每天都必须接触的东西，如电脑外壳、键盘、鼠标、塑料杯子、拖鞋、衣服等。此外，还有汽车产品、航空航天工程用品，在农业上，更有化肥、催熟剂、农药、除草剂等等，这些都来自化学的贡献。

那么，成就这些巨大成果的科学家们，就成为人们追捧、关注的明星。没有他们孜孜不倦的创新，就没有如今科技发达、物质水平日渐增长的社会现状。其中，鲍林就是最具代表的人物之一。

鲍林一生致力于认识世界和改造世界，但他的求索之路并不顺畅。

因为经济窘迫，鲍林的大学求学之路并不顺畅，甚至曾停学 1 年，他要自己先去挣学费，挣到钱后再复学，以勤工俭学的方式来维持自己的学习生活。在校期间，他兼任过分析化学教师的实验员，在读大四时还给一年级的学生兼任过实验课导师。

鲍林刻苦攻读，从来不怕环境的艰苦，这是因为他对化学键的理论尤为感兴趣。此外，他还仔细学习了数学、原子物理、生物学等其他多门学科。这些知识都为鲍林以后的研究工作打下了良好基础。

鲍林 1922 年俄勒冈农学院化学工程系毕业，又考取了加州理工学院的研究生，他的导师是著名化学家诺伊斯。导师诺伊斯知识非常渊博，在物理化学和分析化学方面十分有建树，为人和蔼可亲，对学生的教育方式讲求循循善诱，后来他的学生们对他有一个普遍评价，说他是善于鼓动学生热爱化学的人。

诺伊斯在教导鲍林时说："不要只停留在书本知识上，应当注重独立思考，同时要研究与化学有关的物理知识。"诺伊斯还在 1923 年写了一部名为《化学原理》的书，在这本书正式出版之前，他让鲍林利用一个假期时间把书上的习题从头到尾做一遍。鲍林很用心，他真的在一个假期的时间内完成了书上的所有习题的演算。

诺伊斯看到鲍林的作业后很是欣慰，他非常赏识鲍林，知道鲍林是既勤奋又有想法的人，更是一支化学界的潜力股。诺伊斯用心把鲍林介绍给了很多著名化学家，让他身处良好的科研氛围内，感受学术界的社会环境。这一做法对鲍林日后的发展有很大影响。在老师诺伊斯的细心指导下，鲍林完成了生平第一个科研课题——测定辉铝矿的晶体结构。

鲍林采用调射线衍射法，测定了大量的数据，然后将二硫化铝的结构确定下来，鲍林的工作出色甚至完美地完成了，这使他在化学界初露锋芒。更重要的是，这件事情带来的成就感增强了他进行科学研究的信心。

因为鲍林勤奋好学，对知识有极大渴求，所以在加州理工学院学习时，鲍林经导师的介绍开始接受迪肯森、托尔曼的精心指导。托尔曼精通物理化学，迪肯森精通放射化学和结晶化学，这为鲍林建立了合理的知识结构，在导师们的精心指导下，鲍林的知识面得到拓宽，为鲍林日后的成就奠定良好基础。

1925 年，鲍林又一次以优异的成绩获得让人艳羡的学位——化学哲学博士。他系统地研究了化学物质的组成、结构、性质三者的关系，与此同时，他还从方法论上解释了决定论和随机性的关系。在进行科学研究过程中，物质结构是他最感兴趣的一个问题。他认为：人们对物质结构的深入了解，将有助于人们对化学运动的全面认识。

后来，鲍林还到薛定谔机和德拜实验室工作过。通过那段时间的学术研究，鲍林对量子力学有了更加深入的了解，从而更加坚定了他用量子力学方法解决化学键问题的信念以及信心。

综合提升，将科学拓展到其他领域

鲍林的求学之路虽然艰辛，但也是幸运的。因为，不管是读大学还是读研究生，抑或是到欧洲游学，他接触到的人在世界上都是一流的专家，所以他有幸直接接确科学前沿问题，可谓是"站在巨人肩膀上"。这对他后来取得学术成就是非常重要的。便利的求知条件让鲍林十分珍惜，他不断进行科学研究，然后还有意识地拓宽研究内容，使他在其他领域也取得了非常大的成果，他给人类进步带来了巨大的促进作用。

鲍林 1927 年结束了为期两年的欧洲游学，重回故里美国，然后在位于帕萨迪纳的加州理工学院担任理论化学的助理教授。他的工作不仅是给学生讲授量子力学及其在化学中的应用，还担任讲授晶体化学及开设有关化学键本质的学术讲座。3年后，鲍林再一次离开美国前往欧洲，到布拉格实验室学习有关射线的技术。即使那时候鲍林已经拥有了最前沿的知识，但他依旧不满足，后来前往慕尼黑学习电子衍射方面的技术，学成回国后担任加州理工学院的教授。

鲍林在探索化学键理论的过程中并不是一帆风顺的，他曾经遇到过各种问题，其中有一次在面对甲烷的正四面体结构的解释问题时就遇到了麻烦。传统理论上讲："原子在未化合前外层有未成对的电子，这些未成对电子如果自旋反平行，则可两两结成电子对，在原子间形成共价键。一个电子与另一电子配对以后，就不能再与第三个电子配对。在原子相互结合成分子时，靠的是原子外层轨道重叠，重叠越多，形成的共价键就越稳定——这种理论，无法解释甲烷的正四面体结构。"

在有机化学结构理论中，鲍林还曾经提出过非常著名的"共振论"。相比之下，共振论易懂，因为比较直观一些，并且在化学教学中很容易就被人们接受，因此很受欢迎。这种理论在20世纪40年代以前产生过重要影响。

可惜的是，到了60年代，以苏联为代表的一些国家中化学家的心理发生了巨大变化，变得"扭曲"和"畸变"，他们不了解科学自由是什么，并将矛头对准鲍林以及他的共振论。他们对鲍林及其理论进行了极为严重的大批判，并给他扣上了"唯心主义"的大帽子。

但是这些，依旧不能抹杀鲍林对人类科学做出的贡献。

鲍林还是分子生物学的奠基人之一，他努力将化学研究推向生物学，为此不惜花费大量时间来研究生物大分子，尤其是蛋白质分子结构问题。20世纪40年代初期，鲍林涉足氨基酸和多肽链领域，经过一系列研究后他指出：一个螺旋是依靠氢键连接而保持其形状的，也就是长的肽键螺旋缠绕，是因为在氨基酸长链中，某些氢原子形成氢键的结果。作为蛋白质二级结构的一种重要形式，a-螺旋体，已在晶体衍射图上得到证实，这一发现为蛋白质空间构象打下了理论基础。

基于这些伟大的研究成果，鲍林在 1954 年荣获诺贝尔化学奖。除了在科学方面鲍林为世界人民做出了很大贡献，在反对战争、倡导和平方面也做出了很大努力。他指出："科学与和平是有联系的，世界已被科学发明大大改变了，特别是在最近一个世纪。现在，我们增进了知识，提供了消除贫困和饥饿的可能性，提供了显著减少疾病造成的痛苦的可能性，提供了为人类利益有效地使用资源的可能性。"1962 年反核弹在地面测试的行动获得诺贝尔和平奖，成为获得不同奖诺贝尔奖项的两人之一。

第二节　门捷列夫
——元素周期表的艰难发现之路

德米特里·门捷列夫是 19 世纪俄国著名化学家，他是元素周期律的发现者，并且发表了世界上第一份元素周期表。门捷列夫生于 1834 年 2 月 7 日，出生地在西伯利亚的托博尔斯克，卒于 1907 年 2 月 2 日。门捷列夫最终死于心肌梗死，但他留下的因元素周期律而诞生的《化学原理》，在 19 世纪后期和 20 世纪初，被国际化学界公认为标准著作，它的存在影响了之后几乎所有的化学家。

勇敢面对一次次的失败

要知道，想要攀登科学高峰并不是那么容易的，这必将是一条曲折又充满荆棘的路，门捷列夫在这条路上更是吃尽了苦头。

门捷列夫最先开始在圣彼得堡负责讲授《化学基础》课，在他担任化学副教授的时候，觉得在理论化学中应该指出自然界到底有多少元素、元素之间有什么异同和存在什么内部联系、新的元素应该怎样去发现……那个时候在化学界人们对这些问题正处在摸索、探究阶段，之后的 50 多年，世界上的化学家们也在不断为开启这秘密的大门而进行着努力。

由于当时的化学领域还没有人能把所有元素作为整体来概括，因此元素的正确分类原则也是个未知数。门捷列夫作为一个年轻的学者，可谓初生牛犊不怕虎，他毫无畏惧地冲进了这个领域，从此开始了一段艰难的探索历程。

为此他没日没夜地进行研究，希望将元素的化学特性与它们的一般的原子特性总结出来，而后再把每一个元素记录在一张纸质的卡片上。他希望能在元素复杂的特征里，寻找出元素之间的共同性，然后加以总结。但是，经过漫长的研究，他失败了一次又一次，都没有得出什么结果。

门捷列夫虽然失望，但他不屈服也不灰心，只希望坚持研究下去，他认为成功也许就在不远处，所以一定不能停止研究！

为了能够完全解决这个问题，门捷列夫又一次走出实验室，开始了外出考察，同时收集和整理相关资料。他于 1859 年前往德国海德尔堡进行科学深造，在德国两年时间里，他全力以赴研究物理化学，这使得他探索元素间内在联系的基础更扎实了，收获满满。

从德国深造结束没多久，1862 年门捷列夫又对巴库油田进行了考察，当时的主要课题是对液体进行深入研究，他重测了一些元素的原子量，这段经历让他对元素的特性有了更深刻的了解。

1867 年，他接受邀请，前往法国参加世界工业展览俄罗斯陈列馆的工作，同时参观和考察了德国、法国、比利时的很多实验室和化工厂，这让他大开眼界，也让他的知识更为丰富。这些开阔眼界的实践活动增长了门捷列夫认识自然的才干，并且为他发现元素周期律奠定了深厚的基础。

后来，门捷列夫结束工作返回了实验室，接着研究他的纸质卡片。最开始他把自己重新测定的原子量的元素，根据原子量的大小依次排列起来，他发现那些性质很相似的元素原子量却并不相近；相反，那些性质不同的元素原子量反而却十分相近，这到底是为什么？他认为这其中一定有什么内在联系，只是他还没有发现，于是他紧紧抓住元素的原子量与性质之间的相互关系开始"大做文章"。

没有任何成就是偶然的

在进行科学研究的日子里，门捷列夫因过度紧张经常出现眩晕的情况，但是他从来都没有因此而停下脚步。而且，最终的结果也并没有让他失望，他的心血并没有白费，他终于发现了元素周期律，这个历史性的时刻是 1869 年 2 月 19 日。

一天清晨，门捷列夫经过一个夜晚的研究后，疲倦地躺在书房的沙发上，他预感 15 年来一直萦绕心头的问题即将迎刃而解，因此，这几个星期以来他格外地努力。

　　15 年来，他从学生时代开始就一直对元素与元素之间可能存在的种种关联感兴趣，并且利用一切时间对化学元素进行研究。最近他感觉自己的研究大有进展，应该很快就能把元素间的关联和规律串在一起了。由于过度疲劳，门捷列夫在不知不觉中睡着了。睡梦中，他突然清晰地看见元素排列成周期表浮现在他的眼前，他又惊又喜，随即清醒过来，顺手记下梦中的元素周期表。

　　元素周期表的发表成了一项划时代的成就，而因为在梦中得到灵感，所以人们称为"天才的发现，实现在梦中"。但门捷列夫却不这么认为，把这个累积 15 年的成就归功于"梦中的偶然"让他愤愤不平。他说："在做那个梦以前，我一直盯着目标，不断努力、不断研究，梦中的景象只不过是我 15 年努力的结果。"

　　天下没有任何成就是偶然的，只不过一般人看到别人的成功而往往忽略了背后长期的努力和付出，而用运气好或是其他理由来加以解释，因而相较自己的表现，"时运不济"就成了失败的最佳借口。

　　学过化学的人都知道，在门捷列夫编制的周期表中还有很多"空位"，这些空位并不代表没有该物质，而是还有尚未发现的元素，等待人们发现后逐一填满。门捷列夫通过努力从理论上计算出这些尚未发现的元素的最为重要的性质，然后知晓它们介于邻近元素的性质之间。

　　打个比方，在锌与砷之间有两个空位，他曾经做出过这样的预言，说这两个空位，也就是两个未知元素的性质分别为类铝和类硅。果然，就在他提出此问题后的四年，由法国化学家布阿勃朗使用"光谱分析法"最终从门锌矿中发现了镓。实验得出，"镓"的性质和铝极为相似，那么这就是门捷列夫所说的"类铝"。

　　镓的发现具有划时代的非凡意义，它有力地说明了元素周期律是属于自然界的一条客观规律。而已成的周期律为以后新元素的探索以及新物资、新材料的寻找，提供了一个客观的、能够遵循的规律。

门捷列夫的元素周期律就这样在世界上空"轰响"了，就像重炮一样让世界为之震惊。

门捷列夫在世界上留下了不朽的光辉，后世人们愿意给予他最高的评价。恩格斯在《自然辩证法》一书中曾经指出。"门捷列夫不自觉地应用黑格尔的量转化为质的规律，完成了科学上的一个勋业，这个勋业可以和勒维烈计算尚未知道的行星海王星的轨道的勋业居于同等地位。"

当然，因为时代的局限性，也因为科学发展面临着重重阻碍，门捷列夫的元素周期律也是存在缺憾的。1894 年人们发现了稀有气体氩，之后就对周期律进行了重新审视和补充。

1913 年，英国物理学家莫塞莱在研究各种元素的伦琴射线波长与原子序数的关系后，证实原子序数在数量上等于原子核所带的阳电荷，进而明确作为周期律的基础不是原子量而是原子序数。元素周期律经过后人的不断完善和发展，在人们认识自然，改造自然以及征服自然的斗争中，发挥着越来越大的作用。

第三节　李比希
——一个勇敢勤奋的"农业化学之父"

尤斯蒂斯·冯·李比希生于 1803 年 5 月 12 日，他的家在德国达姆施塔特。他是德国著名的化学家、化学教育家，他最重要的贡献在于农业和生物化学。他创立了有机化学，因此被称为"化学之父"，也是历史上最伟大的化学教育家之一。

不怕实验带来的危险

李比希的爸爸是位贩卖染料、医药、颜料以及化学药品的商人，所以李比希从小就能和化学实验亲密接触，由此激发了他对化学的热爱。到了1818年时，他还当了一位药剂师皮尔施的学徒。

李比希在葛平海姆药房里，成了皮尔施的得力助手。皮尔施对他很信任，允许他独立地干些事。他在阁楼摆满了各种化学药品和仪器，常常做实验到深夜。

有一天，李比希在用不同方式组配化学药品时，发现了一种物质，它具有酸的种种性质，其中加入银盐和汞盐都能爆炸。他想这种东西制成雷管一定很值钱，决定多制造这些给家里送去。过了几天，他的确制成了这种新物质。

因为没有专门的器具，李比希就把它装在旧手榴弹的空壳中，然后放在离壁炉不远的一个角落里。他没有用任何东西把空壳盖起来，于是原来湿的物质很快就干燥了。这位年轻的化学家还不知道，这种物质在干燥的情况下即使轻轻地碰一下也是会爆炸的。几周后，他亲自看到了爆炸的情景。

后来，李比希在做实验时，使用的研杵从桌上滚下，恰恰落在装有炸药的弹壳上，剧烈的爆炸声震动了整个药店。当李比希睁开眼睛的时候，才明白自己已经躺在对面的墙边，身上盖满了塌落下来的砖块和灰土。头上面的屋顶全部没有了，而看到的是满天星斗和黑蓝的天空。药店主人吓得发抖，不敢上楼阁。"李比希，你真是发疯啦！幸好我们还都活着。"皮尔施太太流着眼泪责备他。

"我要教训一下这个混蛋，叫他收拾自己的东西滚开吧。"

"他还是个孩子，现在不过 15 岁。"

幸好李比希没有受伤，只是房顶被冲掉了。李比希为发生的事故深感愧疚，但是并没获得皮尔施的宽恕，不得不回达姆施塔特。父亲知道发生的事故后很不满意，但内心又有些高兴，因为他的儿子又回到了他的身边。

后来李比希进入波恩大学学习，之后又于 1822 年取得博士学位。在这段时间里，正值中欧身陷动荡时期，李比希因为拥有"自由派"的观点，再加上他十分积极地参与政治活动，导致他遭到一些人的通缉。为了逃离危险他不得不离开波恩来到巴黎，在巴黎，他有幸得到德国科学界泰斗洪堡的重视，将他推荐到盖吕萨克的实验室进行科研工作。

1824 年对李比希来说是重要的一年，他完成了诸多雷酸化合物的研究。就在这个时候，韦勒也在研究氰化物。于是，他们都针对自己的研究对象撰写文章，然后发表在盖吕萨克主编的杂志上。文章发表后，盖吕萨克对此指出：这两类不同的化合物具有相同的分子式。也就是说，在化学界，化学家第一次指出"不同化合物具有同样的分子式"，就是我们熟知的"同分异构体"。

李比希做过太多的有关有机化合物的准确分析，为了改进了有机分析他还想过很多办法，比如他曾经制定大量化合物的化学式，从中得出了"同分异构现象"。

拥有足够的勤奋

李比希在少年时代根本不喜欢当时德国学校正规化、公式化的教育方式，他觉得这是一套乏味的、老套的教育方式。即使这样，他仍十分喜爱阅读化学书籍和动手做化学试验。

后来，李比希不远千里来到波恩进行系统的学习，他的第一个老师是卡斯特纳。在跟卡斯特纳老师学习一段时间后，李比希又来到埃尔兰根大学继续深入地学习理论知识，通过努力在1822年时拿下了博士学位，当时李比希的博士论文的题目为《论雷酸汞的成分》。

获博士学位以后，李比希依旧没有停止学习，之后他又来到法国巴黎接着深造。后来李比希遇到自己的贵人——洪堡教授，经过他的推荐，李比希进入了盖·吕萨克实验室，开始了专业研究工作。

在1822年～1824年两年的研究工作中，他系统地研究了雷酸盐，并不断探索每一种有机化合物。

李比希通过努力找到能够防止雷酸盐爆炸的物品，即一种填充剂。他经过试验得出，使用烘焙过的苦土（MgO）在和雷酸盐混合之后能够有效地防止雷酸盐爆炸。1823年6月23日，李比希正式向科学院报告他的这一研究成果。之后在这次会议上，作为主持人洪堡教授意味深长地对李比希说了这样一句话："您的研究不仅本身具有重要意义，更重要的是这一成果使人们感到，您是一位有杰出才干的人。"

他的勤奋有目共睹，他对化学的痴迷更是不需多言。他利用实验的方法向世界人民证明："植物生长需要碳酸、氨、氧化镁、磷、硝酸以及钾、钠和铁的化合物等无机物；人和动物的排泄物只有转变为碳酸、氨和硝酸等才能被植物吸收。"这些观点为世界近代农业化学奠定了基础。

为了提高收成，他着重倡导使用无机肥料，此外，他还指出针对动物的食物不仅需要一定的数量，还有种类之分，或者说是有机物或无机物之分，在喂食的时候还需要注意具有相当的比例。李比希在这一方面的贡献是非常大的，他还证明了糖类能够生成脂肪以及指出发酵作用原理等。

在当时来说，有机物的分析技术正处于青涩阶段，人们并不了解，李比希改进并完善了由盖·吕萨克和泰纳尔提出的有机物燃烧分析法，然后根据产生的二氧化碳和水的量可以精确地确定碳和氢的含量。直到后来杜马又发明测定有机氮的更好方法，才将此知识形成了完整的有机分析体系。

李比希 20 岁便开始在吉森大校任教，22 岁就升为正式教授。吉森这个地方虽然不大，在当时来说也是个世界化学中心，有人说："吉森对 19 世纪德国成为化学强国起着重要作用。"由于李比希在化学方面的建树，1845 年时他被封为男爵，成为化学界的重要角色。1852 年开始，李比希身体健康情况越来越不好，不得不退出教学工作。但他还是用余下来的精力继续做力所能及的研究工作。

　　李比希在任教时，还费尽心血为实验室教学编制了一个全新的、超前的教学大纲，大纲的规定有：学生在学习讲义的同时，不能忽视亲手做实验的重要性，也就是必须参与实验。先使用已知化合物进行定性分析和定量分析，之后再从天然物质中提纯和鉴定新化合物以及进行无机合成和有机合成……在学完这一系列课程之后，才开始在导师指导下，为毕业论文独立地进行研究某个项目，在论文通过后才能获得博士学位。

传统的化学学习方式，并没有意识到这种让学生在实验室中从系统训练逐步转入独立研究的重要性，所以说李比希的教学大纲为近代化学教育体制奠定了基础。

也正是从那时候开始，李比希又对生物化学产生了兴趣，但也走了一些弯路。

在农业化学方面，李比希曾明确地指出过：土地肥力丧失的主要原因是植物消耗了土壤里的生命所必需的矿物成分，比如说钠、钙、磷等元素。他还是第一个敢于提倡利用化肥代替天然肥料的人，他认为用这种方式施肥更方便，且作用更大。只是当时他忽视了一点，就是他错误地认为植物所必需的氮是从大气中直接吸收的，因此在他的化肥配料表中根本没有加入氮化物。

但这并不影响他对此领域做出的贡献，这一错误在后来很快被纠正了，进而使农业生产发生了巨大的飞跃。

第四节　舍勒
——为了氧气的发现废寝忘食

卡尔·威尔海姆·舍勒是瑞典著名化学家，氧气的发现人之一。他不仅对氧气有深入研究，同时对一氧化碳、二氧化碳、氯化氢、二氧化氮等多种气体都有较为深入的研究。1775 年，舍勒当选为瑞典科学院成员，他自己可能都想不到他所从事的工作会给人类带来无比巨大的利益，而舍勒一生，可算是为了化学事业鞠躬尽瘁。"这种尊贵的学问，乃是奋斗的目标"。舍勒一向这样认为。

为了研究事业曾经流落街头

舍勒 1742 年 12 月 19 日生于瑞典的斯特拉尔松。因为舍勒家庭经济困难，他只是勉强读完了小学，然后在 14 岁时就离开家，来到哥德堡的班特利药店做了一个小学徒。他所在的药店有一位老药剂师，叫马了·鲍西，鲍西别看年纪不小了，却是个十分好学的长者，他学识渊博，整天手不释卷，并时常动脑思考。当然鲍西还有很高超的实验技巧。

鲍西不仅是个制作药品的药剂师，还是哥德堡有名的医生，在哥德堡这个地方，他在人们心中的地位是极高的，就好像古希腊的盖伦，或是说是中国的华佗、扁鹊一样，可见他的医术有多么的高超。

所谓"名师出高徒"，在鲍西的言传身教下，舍勒在他身上学到了太多的宝贵东西，并对他今后的发展产生了极为深刻的影响。舍勒在工作之余也像鲍西一样，他勤奋自学，如饥似渴地阅读当时非常流行的关于制药方面的著作，同时还学习炼金术和燃素理论的相关著作。

为了方便实验，他自己动手制造出很多实验仪器，然后利用晚上的休息时间在自己的房间里尝试各种各样的实验。

有一次，他在房子内做实验，没想到实验引起了一次小型爆炸，这让药店其他同事感到不满。但是，因为舍勒受到了鲍西的支持和保护，所以并没有因此而被赶出药店。

舍勒在药店工作了 8 年时间，这 8 年里，他一边工作一边学习，同时也从未停止过实验。8 年的努力让他知识与才干大有长进，他从一个只有小学文化的学徒，成长为一位知识渊博，且在医学方面技术十分熟练的优秀药剂师。当然，在这些年时间里他还拥有了属于自己的一笔小"财产"，那就是将近 40 卷的化学藏书和一套精巧的自制化学实验仪器。这对舍勒来说再宝贵不过了，他并不是一无所有。所以当他想凭借着自己这些积蓄大展宏图的时候，他的生活发生了翻天覆地的变化……

这个变化对舍勒来说是不幸的。舍勒怎么也没想到鲍西的药店会在这个时候破产了，药店因为负债累累，并且根本没有能力偿还债款，在这种情况下只能将包括房产在内的全部财产进行拍卖。舍勒因此失去了生活的依托，他不得不失业了。

舍勒孤身一人，没有能去的地方，他流落街头，孤单地在瑞典各大城市游荡。

那个时候的舍勒无依无靠，境地十分凄惨。他因为梦想而被赶出来，但是后来，同样还是因为梦想，他又摆脱了凄惨境地。

没多久，舍勒又找到一份药店的工作，地点在马尔摩城的柯杰斯垂姆药店。

幸运的是，这个药店的老板与之前的老板马丁·鲍西很相似，他十分理解舍勒以及舍勒的想法，所以很支持他继续搞实验。新老板还给了舍勒一套房子，让他在居住的同时，还能很好地安置藏书和实验仪器。至此，舍勒终于结束了无依无靠的生活，不用再为生存而到处奔波了。

有了安定的环境，舍勒开始重操旧业，继续他的研究和实验工作。

舍勒有很多书，因为读书对舍勒来说启发很大，他曾回忆说："我从前人的著作中学会很多新奇的思想和实验技术，尤其是孔克尔的《化学实验大全》，给我的启示最大。"在书中他吸取源源不断地知识。舍勒对于化学的热爱十分坚定，哪怕在时运不济的人生低谷时期，不得不流落街头，生活极为窘迫，但舍勒却没有放弃研究的梦想，仍然继续研究。

此外，舍勒还十分专注于实验，实验能帮助他探索到更多有关化学的奥秘。根据考证，单单是舍勒的实验记录就有数百万字的积累，在实验过程中，他还自创了很多仪器以及实验方法，并且他还做过很多炼金术方面的实验，再根据实验结果勇于提出自己的看法。

马尔摩城柯杰斯垂姆药店距离瑞典著名的鲁恩德大学很近，这给舍勒的学术研究活动提供了便利条件。

整个马尔摩城的学术气氛都很浓烈，再加上这里距离丹麦名城哥本哈根很近，这些条件都方便了舍勒进行学术交流，也让舍勒能够及时掌握化学进展的相关情况，购买到最新出版的化学文献，这些客观条件对他自学化学知识有着巨大的帮助。

把药房当成研究成果

从学术方面考虑，舍勒觉得真正的财富根本不是金钱，真正的财富是知识以及传递知识的媒介——书籍。所以，他非常注意收藏喜欢的图书，他每月的工资，除了吃穿用这些基本的花销外，余下的几乎全部都用来购买图书。

舍勒不仅勤学，还很好问，遇到自己无法理解的问题，一定会向有学问的人问清楚。他不仅潜心于研究事业，而且为人正直，还是个救困扶贫的善者。所以他的人品也受到了学术界的极高评价。

对于舍勒研究化学的专心致志程度，可以用一句话总结：他对一切问题都愿意用化学观点来解释！

莱茨柯斯是舍勒的好友，他回忆与舍勒的交往的过往以及对舍勒的认知时说："舍勒的天才完全用于实验科学，他有'惊人的记忆力和理解力'，但似乎他只记住与化学有关的事情，他把许多事情都与化学联系起来加以说明，他有化学家的独特的思考方式。"

后来，舍勒在科平城经营的药店名气很大，所以他的收入非常丰厚。那一时期舍勒特别喜欢那种把科学研究、商业活动有机地结合在一起的工作。即使当时有好几所大学因为知道舍勒的名气而请他去学校担任教授，但舍勒都谢绝了。在舍勒眼里，他的药房就是一个非常好的研究场所，所以他是不愿意离开的。

舍勒一生对化学的贡献实在太多了，其中，最重要的、也是最为人熟知的就是他发现了氧，并对氧气的性质做了很深入的研究。最开始，他采用加热硝石得到了一种他称之为"硝石的挥发物"的物质，但对这种物质的性质和成分根本无法解释。舍勒经常因为研究而废寝忘食，他曾对他的朋友说过这样的话："为了解释这种新的现象，我忘却了周围的一切，因为假使能达到最后的目的，那么这种考察是何等的愉快啊！而这种愉快是从内心中涌现出来的。"

舍勒曾不厌其烦地做"加热硝石"的实验，他在实验过程中发现把硝石放在坩埚中加热到红热时，就能产生气体，而加热时放出的干热气体在遇到烟灰的粉末后就会燃烧，并放出耀眼的光芒。这一现象到底说明什么？舍勒的兴趣被这个实验吸引过去，他说："我意识到必须对火进行研究，但是我注意到，假如不能把空气弄明白，那么对火的现象则不能形成正确的看法。"

虽然舍勒的观点那时候已经非常接近"空气助燃"的观点，但是最终他并没有沿着这个思想深入研究下去。舍勒的杰出贡献，为化学的进步带来了巨大的影响。舍勒的研究，涉及到化学的各个分支，在无机化学、矿物化学、分析化学、甚至有机化学、生物化学等诸多方面，他都做出了出色贡献。可以说，舍勒的一生不仅仅体现出了巨大的研究精神，同时还具备了无私奉献精神。

第五节　拉瓦锡
——推翻燃素说，带动化学蓬勃发展

安托万·洛朗·拉瓦锡（1743 年～ 1794 年），法国著名化学家，近代化学的奠基人之一，"燃烧的氧学说"的提出者。拉瓦锡与他人合作制定出化学物种命名原则，创立了化学物种分类新体系。拉瓦锡根据化学实验的经验，用清晰的语言阐明了质量守恒定律和它在化学中的运用。这些工作，特别是他所提出的新观念、新理论、新思想，为近代化学的发展奠定了重要的基础，因而后人称拉瓦锡为"近代化学之父"。拉瓦锡之于化学，犹如牛顿之于物理学。最后因为其包税官的身份在法国大革命时的 1794 年 5 月 8 日于巴黎被处死。

通过大量实验证明观点

拉瓦锡为后人留下了《化学概要》这部伟大杰作，这并不是一篇普通的论文，它的存在事实上标志着现代化学的诞生。在这篇著名的论文中，拉瓦锡除了正确对"燃烧"和"吸收"这两种现象进行描述外，还开创先河地在历史上第一次罗列出化学元素的准确名称。

化学元素名称的确立建立在"物质是由化学元素组成"的这个基础之上。在拉瓦锡创建元素名称之前，它们都是有不同称谓的。而在拉瓦锡的学术著作中，他将化学方面那些处在混乱状态的发明创造进行整理，且整理得井井有条。

拉瓦锡最开始并不是学习化学的，而是学了一门与化学并不搭界的学科——法律。1763 年拉瓦锡 20 岁，他通过聪明才智与刻苦学习取得了法律学士学位，并同时获律师从业证书。拉瓦锡学习法律跟父亲也有关系，他的父亲就是一位很有名气的律师，所以拉瓦锡的家境很富有，从来没有愁过吃穿问题。

但是，考取律师从业证书后的拉瓦锡并没有马上去做律师，而是对植物学突然很感兴趣，他时常独自上山去采集标本。在采集标本、研究生物的同时，他又对气象学产生了浓厚兴趣。后来有幸遇见地质学家葛太德，在他的建议下，拉瓦锡开始师从巴黎著名的化学名人鲁教授和伊勒教授。从此拉瓦锡成功进军化学界，并和化学结下了不解之缘。

1774 年 10 月，普里斯特利向拉瓦锡表述一个自己做的实验，内容是："氧化汞加热时，可得到脱燃素气，这种气体使蜡烛燃烧得更明亮，还能帮助呼吸。"拉瓦锡听后对这个实验进行了验证，并反复做了普里斯特利的实验，每次结果都和普里斯特利得出的结果相同。但是，拉瓦锡对燃素说持怀疑态度，因为他感觉这种气体是一种元素。

到了 1777 年，拉瓦锡正式把这种气体命名为 oxygen（氧），含义是酸的元素。之后拉瓦锡又反复实验金属煅烧，同年，他就向巴黎科学院提出了一篇名为《燃烧概论》的报告，说明了燃烧作用的氧化学说。

具体的要点是：第一，燃烧时放出光和热；第二，只有在氧存在时，物质才会燃烧；第三，空气是由两种成分组成的，物质在空气中燃烧时，吸收了空气中的氧，因此重量增加，物质所增加的重量恰恰就是它所吸收氧的重量；第四，一般的可燃物质（非金属）燃烧后通常变为酸，氧是酸的本原，一切酸中都含有氧。金属煅烧后变为煅灰，它们是金属的氧化物。他还通过精确的定量实验，证明物质虽然在一系列化学反应中改变了状态，但参与反应的物质的总量在反应前后都是相同的。

拉瓦锡通过多次实验证明了化学反应中的质量守恒定律，也就是说，他用氧化学说干净利落地推翻了燃素说。

1787 年之后，拉瓦锡不仅有化学研究的责任，还有一些社会职务，且职务有渐重趋势，导致他用在科学研究上的时间越来越少，他将主要精力用在给化学命名法改革以及传播自己研究总结、成果和新理论的工作。

拉瓦锡曾经和贝托莱等人都有过合作，还设计出了一套简单易懂的化学命名法。1787 年，他在《化学命名法》这一论文中正式提这一命名系统，由此标志着这一命名系统正式确定。这种命名法的目的是让不同语言背景的化学家能够相互交流，其中有很多原则加上后来贝采利乌斯的符号系统，最终演变成为当下还在沿用的化学命名体系。

空余下来的时间拉瓦锡还总结了自己做过的大量定量试验，以证实质量守恒定律。不过，这个定律的想法其实不是他独创出来的，在他之前，也有很多自然哲学家与化学家有过相近的观点，只是因为大家对实验前后质量测试并不准确造成的。有些人最初是怀疑这一观点的。到了 1748 年，俄罗斯著名化学家米哈伊尔·瓦西里耶维奇·罗蒙诺索夫做出了精确的测定，还指出这一定律的具体描述，只是因为当时莫斯科大学位置尴尬，界于欧洲科学研究的中心之外，因此他的观点被遗憾地埋没了。

为化学不计报酬地付出辛劳

政府经常资助法兰西科学院常会，会给科学家一部分薪水，但是也要求他们去完成规定的任务。因为拉瓦锡的工作能力很强，能者多劳的他参与了很多种任务，同时负责起草报告。在这些工作任务中，影响力较大的就是统一法国的度量衡。

1790 年，法兰西科学院组织委员会负责制定新度量衡系统，参与人员不仅有拉瓦锡，还有拉格朗日、孔多塞和蒙日等。拉瓦锡在 1791 年起草了一份报告，报告中指出采取地球极点到赤道的距离的一千万分之一为标准（约等于 1 米）来建立米制系统。随后，科学院特意指定拉瓦锡来负责质量标准的制定。

经过一系列测定，拉瓦锡提出质量标准以"千克"的方式来定，规定密度最大时的一立方分米水的质量为一千克。在当时，这种系统受到了巨大的阻力，但是多年后的今天，这种方式已在世界通用。

拉瓦锡的勤恳和对科学的无私奉献精神让他取得了不小的成就，他被智慧的光环环绕着。到了 1789 年 7 月，革命的战火在法国燃烧起来，整个国家迅速被卷入动乱的旋涡之中。

在战火中，已经没有科学的容身之地了，所有学会、科学院、包括度量衡调查会等组织都面临着灭亡的危机。甚至还有人认为"学者是人民的公敌，学会是反人民的集团"等。在这样危急的情况下，拉瓦锡并没有畏惧，他表现得很勇敢，依然恪尽职守，坚守职责，继续努力开展个人的研究工作，同时还在为两个学会的筹款而奔波。在学会实在难以维持时，他还捐献私人财产，用来作为研究资金。

拉瓦锡的决心和气魄令人佩服，他是法国科学界名副其实的柱石和保护者。

第六节　居里夫人
——因为放射性科学饱尝甘苦

玛丽·居里，出生于 1867 年 11 月 7 日，是波兰华沙一户普通人家的女儿。他的父母从事教师职业，十分爱国。在父母的影响下，居里从小就勤奋好学，16 岁的时候就以优异的成绩毕业，同时获得学校的"金奖"。居里夫人是一位能够将自己的一切都无私奉献给科学事业的伟大科学家，虽然那时候法国相关部门对待居里夫人并不公平，且对她的科研成果反应迟钝。即使这样，为了能够提炼出纯净的镭，居里夫人根本不考虑金钱问题。在面对瑞士日内瓦大学提出年薪一万法郎的邀请时，居里夫人同样谢绝了，因为她时刻惦记着自己的事业。

最终，精诚所至，金石为开，居里夫人成功了，居里夫妇和贝克勒尔由于对放射性的研究在 1903 年底一同被授予诺贝尔物理学奖。1911 年，因发现元素钋和镭再次获得诺贝尔化学奖，因而成为世界上第一个两获诺贝尔奖的人。

努力学习，铺垫成就之路

19 世纪的波兰受沙皇俄国的统治，华沙境内的居民不能让女孩子进入大学学习。再加上居里家的经济条件也不富裕，玛丽最后只能一个人来到华沙西北的乡村做一名普通的家庭教师。

居里在 1889 年再次返回华沙，还是做家庭教师这个职业。

　　有一次，一个朋友带着她来到一个实验室，这是实业和农业博物馆的实验室。玛丽立即被实验室吸引，仿佛发现了一个新天地，这个实验室太让她着迷了。之后居里一有时间，就来到这个实验室，然后沉浸在每一个物理和化学的实验中。

　　玛丽从最初对实验的特殊爱好，到后来掌握了基本的实验技巧，可以说都是在这里慢慢培养起来的。

1892 年，在姐姐以及父亲的多方面支持下，玛丽得到梦寐以求的重要礼物——去巴黎求学。到巴黎大学理学院学习一直是居里的梦想，在实现之后，她无比珍惜机会，决心学到真本领，所以玛丽学习非常勤奋用功。在那段学习的日子里，她每天都要坐 1 个小时马车从姐姐家上学，是最早进入教室的那个人。她会选择一个与讲台十分靠近的座位，因为她想要清楚地听到教授的声音，然后汲取教授讲授的全部知识。

后来，玛丽考虑到要节省时间和精力，同时还能省下乘马车的费用，所以她上学 4 个月后就从她姐姐家搬出来，入住在学校附近的一家房屋的阁楼。这间阁楼实在太简陋了，没有水，没有火，也没有灯。阁楼的屋顶上有个小天窗，屋里的采光都依靠它，如果关闭了就没有光明。

但是玛丽这间房子很便宜，一个月只需要 40 卢布的她，只要能有个栖身之所就可以了。

玛丽的心思不在这些外部条件上，而是一心扑在学习上。由于生活艰苦，她变得越来越瘦，但是丰富的知识逐渐填满她的心灵。

1893 年，她以第一名的优异成绩在物理系毕业了，次年又以第二名的成绩毕业于这所学校的数学系，同时获得了巴黎大学数学和物理这两个学科的学士学位，在学校学习的知识为她日后进行化学研究工作奠定了坚实的基础。

"一个匆忙的贫穷妇人"

　　玛丽在 1894 年初接受了法兰西共和国国家实业促进委员会提出的关于各种钢铁的磁性科研项目。在进行这个科研项目的过程中，她认识了她这一生最为重要的男人——教师皮埃尔·居里。

　　皮埃尔·居里那时已经是一位很有成就的青年科学家，他和玛丽·居里一样，都希望用科学为人类造福，他们有着相同的理想，共同的事业，于是他们走到了一起。他们结婚以后，玛丽·居里被尊敬地称为"居里夫人"。

　　居里夫人在 1896 年参加了大学毕业生的任职考试，成绩是第一名。次年，她又相继完成了关于各种钢铁的磁性研究。但这些成就并不能令居里夫人满足，她开始决定考取博士，也从那时候确定了自己的研究方向，将自己置身于一条全新的起跑线上。

　　1895 年，居里夫人和皮埃尔·居里结婚时，新房里只有两把椅子，正好两人各一把。皮埃尔·居里觉得椅子太少，建议多添几把，以免客人来了没地方坐。居里夫人却说："有椅子是好的，可是，客人坐下来就不走啦。为了多一点时间搞研究，还是算了吧。"

　　从 1903 年起，居里夫人的年薪已增至 4 万法郎，但她照样"吝啬"。她每次从国外回来，总要带回一些宴会上的菜单，因为这些菜单都是很厚很好的纸片，在背面写字很方便。难怪有人说居里夫人一直到死都"像一个匆忙的贫穷妇人"。

　　有一次，一位美国记者寻访居里夫人，他走到村子里一座渔家房舍门前，向赤足坐在门口石板上的一位妇女打听居里夫人的住处。当这位妇女抬起头时，记者大吃一惊：原来她就是居里夫人。

科学的道路最不缺乏的就是荆棘，人们说："钋和镭的发现，以及这些放射性新元素的特性，动摇了几个世纪以来的一些基本理论和基本概念。"科学家们从来都认为，各种元素的原子是物质存在的最小单元，原子是不可分割的、不可改变的。但是以这种传统的观点，并不能很好地解释钋和镭这些放射性元素所发出的放射线。所以，不管是物理学家还是化学家，即使大家都对居里夫人的研究工作产生浓厚兴趣，但也均在心中打个疑问符号——这个研究方向值不值得呢？

化学家们的态度都是极为严谨的，居里夫妇二人为了进一步研究镭的各种性质，证实这一科学发现，他们一定要经历从沥青矿石中分离出更多的、纯净的镭盐。

未知世界充满神秘。居里夫妇在进行分离新元素的研究工作时，起初他们根本不知道新元素是什么化学性质，他们只有一个线索，即它有很强的放射性。为此，他们不得不凭借智慧创造了一种新的化学分析方法。可是他们苦于没有足够的经费，也不具备像样的实验室，只能自己克服这些，购买或设计一些简易的仪器。

后来，出于对工作效率的考虑，居里夫妇分头开展研究。居里先生的主要任务是试验确定镭的特性，居里夫人的主要任务则是继续提炼纯镭盐。镭的发现对于促进科学理论的发展和在实际中的应用都有十分重要的意义，它从根本上改变了物理学的基本原理。

居里夫人开创了放射性理论，发明分离放射性同位素技术、发现两种新元素钋和镭。在她的指导下，人们第一次将放射性同位素用于治疗癌症。不幸的是，由于长期接触放射性物质，居里夫人于 1934 年 7 月 4 日因再生障碍性恶性贫血逝世。人们赞美她："伟大的学者，伟大的妇女，伟大的爱国者，是科学界的骄傲。"

第3章

不畏冷眼：为人类谱写健康的生命之书

以生命为研究对象的专业人员可以称之为生物学家，而人类的健康之书就是这些生物学家谱写的。生物学家又可以细分为动物学家、植物学家、微生物学家等，在此领域刚被开启时，由于人们的认知能力有限，生物学家并不被大多数人理解，因而他们必然会承受诸多冷眼。即使这样，他们依旧勇敢前行……

第一节　胡克——默默无闻的
第一位职业科学家

　　罗伯特·胡克 1635 年 7 月 18 日生于英国怀特的弗雷斯沃特村，1703 年 3 月 3 日卒于伦敦。胡克是英国著名的博物学家和发明家。此外他在物理学方面也有研究，他提出了关于描述材料弹性的著名的基本定律——胡克定律，同时，他还提出了万有引力的平方反比关系，这曾经令物理学界感到震动。

　　胡克是 17 世纪英国最杰出的科学家之一，他的一生充满了传奇色彩，他不仅在光学、力学、天文学等多方面都有巨大贡献，而且他设计和发明的科学仪器在当时社会中更是开创了无与伦比的先例。人们对他的赞誉非常高，称他为英国的"双眼和双手"。

博学多才带来了巨大价值

　　胡克是个博学多才的人，他在机械制造方面也颇具建树。他不仅自己设计并制造了真空泵、显微镜以及望远镜，还利用自己制造的显微镜对世界进行观察，再将观察所得写成《显微制图》一书。我们经常说的"细胞"一词正是胡克命名的。

　　在新技术发明这方面，胡克发明的许多的设备一直流传至今。除了在科学技术方面，胡克在其他领域也有出色表现，如在城市设计和建筑方面，他也做出了重要的贡献。胡克兴趣广泛，人们在研究他的贡献后发现，他一生的贡献，或者说他的存在就好比是"伦敦的达·芬奇"。

胡克是光的波动说的支持者，胡克认为光的传播与水波的传播相似，并在 1655 年提出了光的波动说。1672 年，胡克进一步提出了"光波是横波"的这一新概念。

在从事光学研究的过程中，他更多的工作是进行各种各样的光学实验，尤其是致力于光学仪器的创制。此外，他还发明、制作了显微镜、望远镜等多种光学仪器。不仅为了方便自己的研究，更将人们带入了光学研究的新高度。

在力学方面胡克的贡献极为卓著，他在研究开普勒学说方面建功卓著；在胡克探讨万有引力这一复杂的研究过程中，他最先发现了引力和距离平方成反比的规律；1662 年~ 1666 年间，在研究"引力能够提供约束行星沿闭合轨道运动的向心力"问题上，胡克也做过相关纷繁复杂的实验工作；胡克是支持吉尔伯特观点的，他也认为磁力和引力相类似；1664 年，胡克曾大胆指出，彗星在靠近太阳时呈现弯曲轨道，同时他还为寻求支持物体保持沿圆周轨道的力的关系做了大量实验。

胡克定律也叫"弹性定律"，这是胡克最重要发现之一。直到现在，胡克定律仍然是物理学的重要基本理论。当年，胡克为了证实这个理论，曾做了大量相关实验，其中包括很多种材料所构成的各种形状的弹性体。

高调科研，低调做人

不管是在发明方面，还是在创造方面，胡克都表现出了极大的兴趣。他在研究科学之余，还曾协助玻意耳发现了玻意耳定律。

有人说："胡克在光学和力学方面是仅次于牛顿的伟大科学家。"他一生发明了很多现代人都意想不到的东西，如发条控制的摆轮、空气唧筒、轮形气压表以及其他多种仪器，他还同惠更斯各自独立发现了螺旋弹簧的振动周期的等时性……

不仅如此，就连云母的颜色、肥皂泡的光彩等也都是胡克研究的对象。当然，这属于光学现象的范畴，所以这些他都是要逐一研究的。最能体现胡克声望的书籍要属《显微制图》一书，这本书是他的天才般智慧的代表，成功奠定胡克"科学天才"的声望及地位。

《显微制图》于 1665 年 1 月出版，定价为 30 先令，在当时属于非常昂贵的书籍了。此书一经上市立即引起轰动。

事实上，在胡克出生之前就已经有人发明创造了显微镜，可惜的是显微镜即使面世了却在漫长的半个多世纪中都没有像望远镜那样给人们带来科学上的重大发现。直到后来胡克有了相关研究，并出版了《显微制图》一书，科学界才豁然发现显微镜原来能够给人们带来那样清晰的微观世界，并且认定它和望远镜一样，都能给人类带来丰富多彩的世界。

《显微制图》一书能够卖那么昂贵，还有一个因素就是里面将胡克的绘画天分充分地展现出来。那时候因为没有相机，胡克只能自己绘制，胡克在书中绘制了 58 幅图画。他先通过显微镜看到物质的模样，然后再把它们画在纸张上，让更多的人看到，可谓费尽心力。

可惜的是，胡克画了那么多画，却没有留下一张自己的画像。有人说，世界上原有一张胡克的画像，但是被牛顿的支持者毁掉了。可以说，《显微制图》一书为今后的实验科学提供了既明晰又富有想象力的美好记录和说明，这贡献绝对是前所未有的。

胡克开创了科学界使用图画描绘的方式，进行科学阐述、交流的先河，这种方法增强了说服力。在此之后，科学家们都纷纷效仿，直到其他领域也都采用这种方式。

塞缪尔·佩皮斯曾经担任过英国皇家学会会长,他在 1684 年看到了胡克的《显微制图》,之后开始对科学产生浓厚的兴趣。可见,胡克的研究成果对年轻人的引领作用。

虽然胡克的生活并不是那么穷困,但也好不到哪去,尤其是到了晚年,他的生活甚至是具有灾难性的,造成这种原因的导火索是"平方反比关系"的优先权的争夺战。在这次争夺中他得罪了另一位伟大的物理学家牛顿,这件事让他惹上了颇多非议。在发现"螺旋弹簧振动周期"的等时性方面,是胡克在先还是惠更斯在先其实也存在着争论。

只是,纵然他一直被争议困扰,但他对人类做出的巨大贡献是不可告人的,这都影响不了人们授予他的"伟大科学家"称号。虽然存在很多争议,胡克却没有停止过他的科学研究,否则也不会有如此巨大的成果,促进人类文明的发展进程。

第二节　列文虎克
——颇具好奇心的"看门人"

安妮·列文虎克,生于 1632 年 10 月 24 日,卒于 1723 年 8 月 26 日,生卒均于荷兰代尔夫特。他是一位著名的显微镜学家,更是荷兰微生物学的开拓者。列文虎克不仅拥有过人的天赋,还是个十分勤奋的人。经过努力,他磨制出来的透镜与同时代人相比水平要高出一大截。

列文虎克拥有很多形式的放大透镜和简单的显微镜,透镜的材料也多种多样,有宝石、玻璃、钻石等。他一生中一共磨制了 400 多个透镜,其中有一架结构比较简单的透镜,它的放大率令人叹服,竟然高达 270 倍。他一生的主要成就就是第一次发现微生物,他也是最早肌纤维、微血管中血流记录者。

"看门"时能让闲暇的工作丰富起来

　　列文虎克出生于一个酿酒工人家庭，小时候的列文虎克很不幸，他父亲在很早的时候就去世了，他由母亲抚养长大。在母亲的支持下他上过几年学，16 岁时便开始出去谋生，开始了漂泊苦难的生活。多年后列文虎克返回家乡在代尔夫特市政厅担任一名"看门人"。

　　因为看门工作比较轻松，他有大量悠闲的时间。又因为工作的缘故他能接触到很多人，所以他的朋友也比较多。一个偶然的机会，列文虎克从一位朋友那里获得一条讯息，说荷兰最大城市阿姆斯特丹有很多眼镜店，眼镜店里除磨制、贩卖一般的镜片外，还制作放大镜，然后还给他介绍说说："用放大镜，可以把看不清的小东西放大，并让你看得清清楚楚，奇妙极了。"

　　列文虎克颇具好奇心，听到这些话后虽然没说什么，但他默默地记在心里，然后开始思索这个充满新鲜感的有趣的问题。他越想越觉得有意思，何不买一个放大镜好好看看？他对自己说："反正闲着也没事，我不妨也买一个放大镜来试试！"于是他抽出时间来到了阿姆斯特丹，进到一家看起来还不错的眼镜店。

　　让列文虎克没想到的是，他进入眼镜店后被询问出的放大镜价格吓到了，一个镜子竟然能卖那么贵？列文虎克想来想去觉得实在舍不得买一个，就悻悻地走出了眼镜店。

　　当列文虎克从眼镜店出来，正好看到有一位磨制镜片的人正在工作，只见那人认真地、使劲地磨着。列文虎克认为磨制的方法并不是那么难理解，拥有足够的仔细和耐心就行了。这时他不禁想道：索性我自己也照葫芦画瓢磨磨看！

　　从那以后，列文虎克一有时间就磨镜片，并为此付出大量的耐心。

因为列文虎克只懂得荷兰文，对其他文字一概不懂，特别那些以拉丁文为主的科学技术著作更是读不懂了，因此列文虎克无法阅读那些专业的参考资料，这条磨制镜片之路他只能自己慢慢摸索。

列文虎克花费很多时间专注于磨镜子，最终磨制成功一个小小的透镜。只是因为镜子实在太小了，作用好像不是那么大，他就又做了一个架子，把这块打磨成功的小小透镜镶在上边，之后就用它看东西，这才方便多了。

在他磨完整个小镜子后他并没有停止关于镜子的研究，经过反复琢磨，他又尝试在透镜的下边安装一块小铜板，再将铜板上面钻一个小孔，这样就能让光线从这个小孔里射进而，再将所观察的东西反射出来。这个原理就是"显微镜原理"，这台显微镜也是列文虎克人生中所制作的第一架显微镜。

这架显微镜的放大能力特别强，超过了当时世界上任何一架显微镜。

列文虎克非常高兴自己有了一架显微镜，因为他可以利用显微镜察看周围的一切。起先他先把双手伸到显微镜的旁边，观察自己手指上的皮肤，他看到自己的皮肤很粗糙，就像一块柑橘皮一样，实在太难看了。观察完自己的手，列文虎克还对蜜蜂的腿进行观察，他看到蜜蜂腿上的短毛就像缝衣针一样直立着，还真有些吓人。之后，他又相继观察了蜜蜂的螫针以及蚊子的长嘴，还有一些甲虫的腿。

不管是什么东西，列文虎克都非常感兴趣，何况是有了显微镜，他一定都要仔细进行观察。但是没过多久，当他把周围那些想观察的东西都一一看过之后，就开始莫名产生失落感了，因为他开始不满足了——他认为，自己应该拥有一个更大、更好的显微镜，这样就能观察更多的东西，并且观察得更加仔细深入了。

所以列文虎克决心更加认真地磨制透镜。凭借之前磨透镜的经验，再加上他有兴趣在，他毅然将工作辞掉了，一心磨透镜，为了给自己打造一个良好的实验室，他把家中的一间空房进行了改装，最终有了一个属于自己的实验室。

经过几年时间，列文虎克制成了越来越多的显微镜，这些显微镜随着他技术的纯熟做得越来越大，且越来越精巧，美观程度也大大增强。他磨制的显微镜能把细小的东西放大两三百倍。

当然，列文虎克的工作是并不是公开的，他总是秘密进行，从来不让别人参观他的实验室，更不让别人看到他工作的样子。他总是一个人在那间小屋里专心致志地磨制镜片，在磨镜片之余，还会利用显微镜去观察他所感兴趣的东西。他是一个名副其实的自学者，从动物学各科中，他获得了很多相关的知识。后来他把从于草浸泡液中所观察到的微小生物，称之为"微生物"。这个名字至今沿用。

公开自己的研究成果

即便如此，列文虎克却有一个朋友总是让他打破惯例。他的朋友是一个医生兼解剖学家，叫德·格拉夫，格拉夫是代尔夫特城里著名的医生，更是英国皇家学会的通讯会员。他在很早之前就听人说列文虎克正在研制一种神秘的眼镜……

一天，格拉夫专程前来拜访列文虎克，列文虎克对这位已然很知名的医生朋友的到来感到很荣幸，他热情地接待了客人，并向他展示了自己磨制的显微镜。格拉夫不看则已，一看惊讶万分，他左右看了又看，然后抬头冲着列文虎克严肃地说："亲爱的，这可真是件了不起的创造发明啊！"然后接着又说："你知道吗？你的创造发明具有极其伟大的意义。你不能再保守秘密了，应该立即把你的显微镜和观察记录送给英国皇家学会。"

列文虎克从来没有想过这个问题，他想：难道连显微镜也要送去？他认为自己花费了大量心血，这都是属于自己的财富，为什么要送到别的地方？即使英国皇家学会是那么著名……所以，当他听了格拉夫的话后，就默默地把显微镜收了起来。

格拉夫看到列文虎克的反应后有些不解，他再次劝列文虎克说："朋友，将你的研究成果进行公开其实不是坏事，你的成果不会被侵占，并且你应该向世界公众表明你的观察是如此非凡，这是人类从未发现的新课题。"

听了格拉夫的好心劝告，列文虎克逐渐明白过来，他向格拉夫虔诚地点了点头……

后来他通过格拉夫的介绍与英国皇家学会建立了联系，他于1680年被选为该学会的会员。

列文虎克对放大透镜下所展示的显微世界极为感兴趣，他的观察范围也十分广泛，其中包括植物、动物、晶体、微生物、矿物、污水、昆虫等。

1674年，列文虎克开始观察细菌和原生动物，就是他眼里那些"非常微小的动物"，在观察的同时，他还不断测算它们的大小；1677年，列文虎克首次对昆虫、狗和人的精子进行描述；1684年他证明了马尔皮基推测的毛细血管层的真实存在，同时非常准确地对红细胞进行描述；1702年在他细心观察下，明确指出在所有露天积水中都能找到微生物，原因是那些微生物是飘浮于空中或是附着在微尘上的，并且能够随风转移。

除此以外，列文虎克还追踪观察了很多低等动物以及昆虫的生活史，并通过观察发现它们都自卵孵出并经历了幼虫等阶段，而不是从河泥、沙子或露水中自然发生的。这些观察成果让列文虎克名声大噪。

虽然成功带给他很多喜悦，列文虎克却没有被冲昏头脑，相反，他那锲而不舍的探索精神越来越发挥到极致。

1675 年，他在对雨水进行一系列观察后，将宝贵的观察记录送往了皇家学会，内容有："我用 4 天的时间，观察了雨水中的小生物，我很感兴趣的是，这些小生物远比直接用肉眼所看到的东西要小到万分之一……这些小生物在运动的时候，头部会伸出两只小角，并不断地活动，角与角之间是平的……如果把这些小生物放在蛆的旁边，它就好像是一匹高头大马旁边的是一只小小的蜜蜂……在一滴雨水中，这些小生物要比我们全荷兰的人数还多许多倍……"

之后又不断送过去更多观察记录。直到 1723 年，列文虎克已经 91 岁高龄，那时候他的健康状况越来越不好，但他依然没有停止工作。

第三节　林奈
——"我对植物有不可抑制的爱"

卡尔·冯·林奈是瑞典著名植物学家，同时还是个无所畏惧的大冒险家。他是第一个构想出定义生物属种的原则，并创造出统一的生物命名系统的科学家。

早在 1600 年时，人们了解到了大约 6000 多种植物，经过科学技术的发展，人类探究世界能力的越来越强大，仅仅是过去 100 年的时间里，植物学家相继发现了大约 12000 个新种。随着科学技术的发展，到了 17 世纪后期，博物学家已经寻找到大量的动植物以及大量的化石等标本。到 18 世纪，人们对生物物种迫切地需要进行科学的分类。而林奈正是这样一位能将其分类的科学家，他是生活在那一时期的杰出的代表。

"花园"是一个有意思的生命体

林奈于 1707 年 5 月 23 日出生，他的家在瑞典一个有"北欧花园"之称的斯科讷地区的罗斯胡尔特拉。林奈的父亲是一位普通的乡村牧师，喜好养花养草，对园艺异常关注，一有时间就精心管理他家花园里的花草树木。受父亲的影响，林奈从小就非常喜爱植物，他曾说过这样一句话："这花园与母乳一起激发我对植物不可抑制的热爱。"

林奈在 8 岁时就有了一个称号——"小植物学家"。他时常将看到的那些并不认识的植物收集起来，然后询问父亲这到底是什么。他的父亲很有耐心，总是尽量详尽地告诉他。因为林奈有时候不能将父亲的回答全部记住，所以也会出现重复提问的现象，他的父亲对此采取一个方法，就是"不答复问过的问题"，以此来促使林奈加强记忆。

"不答复问过的问题"，这招果然很奏效，起码让林奈的记忆力从小就得到了很好的锻炼。随着他逐渐长大，能够认识的植物种类也变得越来越多。林奈读小学和中学时成绩并不突出，但是对树木花草却表现出异乎寻常的爱好。他经常花费大量时间和精力用于阅读植物学著作以及到野外去采集植物标本上。

林奈 1727 年进入龙得大学和乌普萨拉大学进行学习，这段时间的学习对他的一生来说都影响巨大。在学校里，林奈系统地学习了博物学及采制生物标本的知识和方法。他总是把握好每一个学习机会，同时充分利用学校的图书馆以及植物园进行植物学相关内容的学习。

被人们看成是"疯子"

1732 年，林奈跟随一个探险队外出去到偏远地区考察，当时其他人都惊讶他的行为，认为他是"疯了"才去那种地方，但林奈不这样想。他们来到瑞典北部拉帕兰地区。这个地区方圆 4600 英里，绝对是一片人迹罕至的荒凉地带。但是在这里，林奈幸运地发现了 100 多种新植物，还收集到了很多宝贵资料，最后他将调查结果发表在他的《拉帕兰植物志》中。这是林奈第一次正儿八经的外出探险收集讯息的经历。

1735 年，林奈开始周游欧洲各国，后来在荷兰拿下了医学博士学位。在欧洲各国游览学习的过程中，他还认识了一些比较著名的植物学家，并从他们那里获得了一些国内所没有的植物标本。

可以说林奈在国外这大约 3 年的时间里收获是巨大的。这也是林奈一生中最重要的一段时期，他学术思想逐渐成熟，他在这方面的能力更是初露锋芒。1735 年他的《自然系统》正式出版。在这本书里，林奈最早提出了用植物的生殖器官进行分类的方法。

1738 年林奈停止了周游他国的行程，回到故土，来到母校乌普萨拉大学开始执教生涯，同时著书立说，一直到 1778 年他去世都没有离开过学校。

林奈从 1741 年起开始正式潜心研究动植物分类学，当时他担任植物学教授，这一研究持续了 20 多年时间。在这期间，他发表了约 180 多种科学论著，尤其是 1753 年发表的《植物种志》一书最为光辉璀璨，那是他花费 7 年心血的结晶之作。这部《植物种志》中收录了 5938 种植物，更重要的是，他用新创立的"双名命名法"对植物进行了统一命名。

《自然系统》一书是林奈人为分类体系的代表作。林奈在生物学中的最主要的成果是建立了"人为分类体系"和"双名制"命名法。在他看来："知识的第一步，就是要了解事物本身。这意味着对客观事物要具有确切的理解；通过有条理的分类和确切的命名，我们可以区分开认识客观物体……分类和命名是科学的基础。"

林奈选择了自然分类方法，果断摒弃了人为的按时间顺序的分类法，这是一种极富创造性的思想。他提出的双名命名法包括 8800 多个种，几乎是达到了"无所不容"的程度，这种方法后来被人们称为是"万有分类法"。这么伟大的成就诞生于世，林奈因此成为 18 世纪最杰出的科学家之一。

其实，林奈生活的那个时期正是欧洲的大航海世纪，那时候有很多航海归来的生物学家和博物学家从世界各地带回来新奇的动植物，然后根据自己的喜好给他们命名，所以造成"一物多名"的混乱现象。

早在他在乌普萨拉大学期间，就因为发现花的花粉囊和雌蕊能够被作为植物分类的基础而发表了一篇论文。也正是因为这个发现，学校给予他"非常教授"的职位。后来他成功撰写了震惊世界的《自然系统》，并在荷兰时将这本分类学手稿拿给别人看。

在命名时，林奈为了使更多的人能一眼就清晰看明白，所以使用最能"清晰表达"的方式进行描写，林奈曾说："从未有人像我一样将科学转型。"所以林奈的贡献是非常巨大的。

第四节 达尔文
——不怕被视为"游手好闲"的人

查尔斯·罗伯特·达尔文（1809 年 2 月 12 日—1882 年 4 月 19

日)，英国著名生物学家，进化论的奠基人。对达尔文来说，他的一生过得最为美妙的时间就是他曾经乘"贝格尔"号舰进行了为期 5 年的环球航行，在这 5 年时间里，他针对地质结构与新奇动植物等进行了大量的采集和观察，后来出版了一本有划时代意义的书籍——《物种起源》。

《物种起源》提出了生物进化论学说，标志着用科学有力摧毁了各种唯心的神造论和物种不变论。不仅是对生物学做出了巨大贡献，对哲学、人类学以及心理学的发展都有巨大影响。所以，恩格斯认为"进化论"是 19 世纪自然科学的三大发现之一，其他两个分别是细胞学说、能量守恒转化定律。

研究到了"痴迷"的程度

《物种起源》罗列出很多资料都有力证明了：世界上的生物根本都不是上帝创造的，而是在遗传、变异、生存斗争中和自然选择中，由简单到复杂，由低等到高等，不断发展变化的。书中还提出了生物进化论学说，从而将唯心主义"神造论"摧毁。这本巨著的作者就是达尔文。达尔文提出了"天择"与"性择"，这是生命科学中一致通用的理论。

> 达尔文从小就十分喜爱鸟雀虫鱼和花草树木，在进入学校以后，他继续保持着对大自然的浓厚兴趣，他十分好动，喜欢钓鱼、骑马和打猎，此外，还擅长捕捉昆虫、采集矿石，没事时候他还会钻进树林痴痴地观察鸟类的习性。
>
> 对达尔文来说世界充满疑问，都一一等待他去探索发现。他要思考的事情实在太多了！所以，达尔文经常一边观察一边沉思，甚至忘记注意身边要发生的危险。有一次，达尔文像往常一样在一个古代城堡上散步，走着走着就陷入了沉思。
>
> 他的脚步越来越缓慢，一不留神一脚踩空，就从城垛上狠

狠地跌了下来，下坠的时候他的头脑依然在思考……他回忆说："在跌下来的一瞬间，在我头脑中闪过念头的数目却是惊人的多，这一切，好像和生理学家们所提出的每个念头需要可观时间的说法是不相符的。"让人想象不到的是，这场坠落竟成了他一次难得的实验，他也从中得到了新奇的启发。

1825 年达尔文 16 岁，他被父亲送到爱丁堡大学开始了医学方面的学习。遗憾的是，达尔文其实没有意愿去学医，即使是到了医学院，他还是花大量时间去野外采集动植物的标本，并且开始对自然历史产生莫大的兴趣。

"不成器"的他让父亲很气愤，父亲觉得他简直就是"不务正业"、"游手好闲"，所以在一怒之下，终止了他的学医之路，在 1828 年送他进入剑桥大学改学神学。这一次，他的父亲希望他日后能成为一个"尊贵的牧师"。这样一来，达尔文虽然对博物学极为爱好，但却不至于让整个家族蒙羞。

只是父亲终究打的是如意算盘，达尔文对自然历史的兴趣越来越浓厚，后来甚至完全放弃了对神学的学习。剑桥大学能人辈出，在这里达尔文有幸结识了当时著名的植物学家 J·亨斯洛和著名地质学家席基威克，此后他开始接受植物学以及地质学研究的科学训练。在这里，达尔文终于可以学习他最喜欢的科目了。

为了研究去海上冒险

达尔文于 1831 年毕业于剑桥大学，之后他的老师亨斯洛给他做推荐，让他以"博物学家"的身份参加那一年 12 月底举办的英国海军"小猎犬号"号舰环绕世界的科学考察航行。这对达尔文来说实在是天大的好消息。

起初航船在南美洲东海岸的巴西、阿根廷等地和西海岸及相邻的岛屿上考察，之后又穿过太平洋，越过印度洋，最终到达南非，再从南非绕好望角途径大西洋最后回到巴西。航行结束时已经是 1836 年 10 月 2 日，他才又踏上英国的土地。

达尔文跟随"小猎犬号"进行环球旅行时，没有带很多东西，而是带了几只鸟，当时考虑到喂养好这些鸟，他在船舱中种植了一种叫草芦的草。船舱里面十分昏暗，如果不开窗户阳光无法照射进来。达尔文观察这些种植的草后得出结论：草的幼苗是向着窗户的方向弯曲生长的。

在后来的几十年间里，达尔文因为忙着创建进化论而没有继续研究下去。直到晚年，他才腾出时间继续着手进行一系列实验研究向光性的问题，并且在 1880 年出版的《植物的运动力》一书中将这些实验结果进行总结。

航海彻底扭转了达尔文的正常生活，在回到英国后他就成了一个大忙人，一直专注于研究工作，希望自己能够成为一个促进进化论的严肃的科学家。

1838 年，达尔文偶然读了 T. 马尔萨斯的《人口论》，他对此书的感觉是如获至宝，因为从中他得到重要启发，一个很重要的想法在脑海中诞生："世界并非在一周内创造出来的，地球的年纪远比《圣经》所讲的老得多，所有的动植物也都改变过，而且还在继续变化之中。至于人类，可能是由某种原始的动物转变而成的，也就是说，亚当和夏娃的故事根本就是神话。"

达尔文还是一个极具创造力的人，但他不求功名，曾经回避了很多外界对他理论的争议。达尔文领悟到生存斗争在生物生活中的意义，但是他如果发表研究结果时一定是抱着极其谨慎态度的。

经过一系列的研究，越过重重荆棘，1859 年《物种起源》一书终于问世，初版印了 1250 册，让人没想到的是当天即告售罄。在之后的 20 年时间里他不断搜集资料，以充实他的物种通过自然选择进化的学说，同时继续阐述其后果和意义。

达尔文进化论是生物科学的一次"伟大的综合"，它标志着生物进化论思想的完整形成。从此生物科学开始进入一个崭新的历史时期。

第五节　孟德尔
——不急不躁，守得云开见月明

格雷戈尔·孟德尔，1822 年 7 月 20 日出生在奥地利帝国的西里西亚，他是遗传学的奠基人，被誉为"现代遗传学之父"。孟德尔最大的贡献是通过"豌豆实验"，于 1865 年发现了遗传规律、分离规律及自由组合规律。除了豌豆以外，孟德尔做了很多其他植物的实验研究，其中包括紫罗兰、紫茉莉、玉米等，这是为了证明他提出的遗传规律适用于大多数植物。

超前的科学创新思维

孟德尔的家乡在奥地利西里西亚海因策道夫村，他家境贫寒，父母都是园艺家，算是农民阶层，他的外祖父也是个园艺工人。他的父亲擅长园艺技术，在父亲的影响下，孟德尔也爱好园艺。再加上童年时的孟德尔因为一直受园艺学和农学知识的熏陶，所以对植物的生长和开花表现出强烈的兴趣。

在孟德尔做过的大量的植物杂交试验中，尤其以"豌豆杂交试验"所取得的成绩最为突出。在 1856 年～1864 年这整整 8 年时间里，孟德尔坚持不懈，做了无数次实验，终于在 1865 年发表了《植物杂交试验》的论文。

论文中他首次提出遗传单位是遗传因子，也就是现代遗传学称为基因的论点，同时明确指出遗传学"分离规律和自由组合规律"的两个基本规律。这两个重要规律的发现和提出，正是孟德尔名垂后世的重大科研成果，他为遗传学的诞生和发展奠定了坚实的基础。

遗憾的是，因为孟德尔的研究思想在他所处的年代里表现得过于超前了，所以并不被人们普遍认可，甚至引起众多误解，即使这篇论文绝对算得上是不朽的论文。但是，孟德尔那不同于前人的创造性见解着实令人折服。是金子早晚要发光的，人们根本想象不到，这篇论文在 35 年之后，也就是直到 1900 年，他的发现才被欧洲三位不同国籍的植物学家荷兰的德弗里斯、德国的科伦斯和奥地利的切尔马克分别通过各自的豌豆杂交试验予以证实。

从此之后孟德尔才开始受到重视，他的理论也得到人们的认可。而遗传学的研究因此得到快速发展。

把"豌豆"当成"儿女"

1840 年，孟德尔通过努力进入奥尔米茨大学哲学院，学习的科目为古典哲学。由于对数学也很感兴趣，他还学习了数学。天道酬勤，孟德尔勤奋好学的精神着实打动了周围人，所以当地的教会就派他到首都维也纳大学去念书。

孟德尔在 1843 年大学毕业，那一年他 21 岁，虽然年轻，但是孟德尔依旧进入了布隆城奥古斯汀修道院，并在当地教会办的一所中学里担任教师之职，他所教授的科目是自然科学。

孟德尔很受学生欢迎，因为他每次都专心备课，教课时也很认真、卖力，所以后来他又得到去维也纳大学深造的机会。在维也纳大学学习的经历让孟德尔受益匪浅，他在那里受到相当系统和严格的科学教育和训练，但对他来说还不仅如此，他还极为幸运地受到了很多杰出科学家的影响，如物理学家、数学家和天文学家多普勒。

在那里，孟德尔为多普勒担任物理学演示助手，结识著名数学家和物理学家依汀豪生和恩格尔……这些为他后来的科学实践打下了坚实的基础。孟德尔经过长时间的探索和思索，认识到理解那些使遗传性状代代恒定的机制更为重要。

孟德尔的"豌豆实验"一共持续了 8 年时间。首先，他先从很多豌豆种子商那里购买豌豆，在他精心寻找下，得到了 34 个品种的豌豆，从其中挑选出 22 个品种用来实验。这些豌豆都具有某种能够相互区分的稳定性状，如圆粒或皱粒、灰色种皮、白色种皮、高茎或矮茎等。

通过对这些豌豆进行人工培植，孟德尔花费大量时间对不同的豌豆的性状和数目进行观察，他细致入微，尽量不差分毫地计数和进行分析。想要进行这样的实验需要极大的耐心，同时还要兼具严谨的态度。即使这样的实验在别人眼里实在枯燥无味，但孟德尔却享受其中。他酷爱自己的研究工作，还时常给前来参观的客人做介绍，他会指着豌豆十分自豪地说："这些都是我的儿女。"

经历 8 个寒暑的辛苦劳作，孟德尔最终发现了生物遗传的基本规律，同时获得了相应的数学关系式。这个结论就是人们经常说的"孟德尔第一定律"即"孟德尔遗传分离规律"，"孟德尔第二定律"即"基因自由组合规律"。它们的存在将生物遗传奥秘的基本规律告知天下。

事实上，在孟德尔最初进行"豌豆实验"时达尔文进化论刚问世不久。他曾经仔细研读过达尔文的著作，也从中获得了极为丰富的相关知识。在他保存至今的遗物当中，就有达尔文的几本著名著作，著作上面还能看到孟德尔的手批，可见当时他对达尔文的著作表现出了非同一般的关注。

孟德尔明白自己的发现是具有的划时代意义的，但是为了慎重起见，他依旧重复实验多年，期望实验结论更加完善。孟德尔于 1865 年在布鲁恩科学协会的会议厅内将这项研究成果分两次进行宣读。他的论文被公认为开辟了现代遗传学。

第六节　摩尔根
——寻找一切能进行研究的条件

托马斯·亨特·摩尔根生于 1866 年 9 月 25 日，卒于 1945 年 12 月 4 日，是美国进化生物学家、遗传学家和胚胎学家。摩尔根是现代实验生物学奠基人，他发现了染色体的遗传机制，同时创立了染色体遗传理论。摩尔根于 20 世纪 20 年代创立了著名的基因学说，揭示了基因是组成染色体的遗传单位，它能控制遗传性状的发育，也是突变、重组、交换的基本单位。他在 1933 年时因发现染色体在遗传中的作用，为人类做出了突出贡献，获得了诺贝尔生理医学奖。

给我什么都不如给我一个实验室

摩尔根父母的家族在当时都属于南方奴隶制时代的豪门贵族。那时候因为南北战争中南方的失败，导致他的家族逐渐败落。即使这样，摩尔根的父母依旧以当年的贵族家庭的荣耀为自豪，同时赋予小摩尔根期望，希望他能够重振家族的昔日雄风。

要知道，摩尔根家族出过不少能人，有律师、军人、外交官、议员以及政府官员，但还没有人当过科学家，所以说托马斯·亨特·摩尔根算是家族中的一个"异类"。如果用他自己后来创造的遗传学术名词来形容自己的话，那么，他一定是摩尔根家族中的"突变基因"。摩尔根在科学之路上表现出特有的"胆大心细"的特点，后来甚至对达尔文的论述进行大胆怀疑。当然，这些怀疑并不是空穴来风，而是经过他深刻思考过的，因为他也是个"科学达人"。

摩尔根自幼就表现出"博物学家"的模样，他对大自然中的一切都充满好奇心，期望对大自然进行探索实践。他小时候最爱玩的游戏是到野外去捉虫子、掏鸟窝、捕蝴蝶和采集色彩斑斓、奇形怪状的石头。他总是趴在地上观察某个东西而半天不起来，他会细心观察昆虫是怎样筑巢的、怎样觅食的。还有些时候他把捕捉到的虫、鸟带回家，给它们进行解剖手术，因为他实在想看看它们身体内部的构造是怎样的。

在摩尔根10岁时他希望自己有间专用于研究的房间，在他反复要求下父母最终同意把家中闲置的两个房间提供给他。摩尔根高兴不已，他自己给房间刷油漆、糊壁纸，然后自己设计房间，将房间按照自己的意愿装饰一番。

有了"实验室"之后，他将自己亲手采集和制作的鸟、蝴蝶、鸟蛋、化石、矿石等各种标本有序地摆放在房间里。后来摩尔根逝世后，这两个房间依旧按照当初的模样摆放，里面的物品从未被他人移动过。

摩尔根有很多爱好，但都跟摄取知识有关，他爱好看书，尤其是那些有关大自然、有关生物学的书籍。他若读起书来，倘若没有人叫他吃饭的话他能全天沉浸在书房里。摩尔根很爱打理自己的专用房间，但他从小就不修边幅，不爱打理自己，他从不主动让父母给他买新衣服，就算衣服很破旧他也不会因此而感到难堪。

摩尔根在学习上付出了很大的热情。他 14 岁时初中毕业，然后考入肯塔基州立学院的预科进行学习。在美国，大学预科就像中国某些大学的附属中学，也就是高中。在念两年预科后，摩尔根顺利考进大学本科，他选择学习的专业是理科，要学习的科目有数学、天文学、博物学、化学、物理学、农学以及应用工程学等。

这些学科当中，他最喜欢博物学，而这一学科贯穿于大学 4 年的课程之中。对他来说，幸运的是在学校遇到了两位杰出的博物学教授，给了他十分必要的引导。摩尔根对博物学的热爱之情从未减退过，这为他日后从事胚胎学、遗传学的研究奠定了基础。有人说："他从小对博物学爱好自然而然的发展与深化。"

给一只果蝇所有的关怀

摩尔根在大学毕业初期并没有想好自己日后的发展方向是什么，在同学中，有的选择了经商、有的兴办农场、有的选择了从教，还有的开始了地质研究……然而，摩尔根对这些工作都不感兴趣。

他那时候想得最多就是继续学习。既然自己不知道干什么好，不如继续攻读研究生。他想好后就报考了霍普金斯大学研究生院的生物学系。

那时候的霍普金斯大学创办时间还很短，也就10年时间，规模很小，更没有什么名气可言。摩尔根报考这个学校主要是因为霍普金斯大学的位置很好，位于马里兰州他母亲的娘家附近。同时，又考虑到生物学与博物学关系极为密切。

在摩尔根攻读博士研究生这段时间里，以及之后又继而获得博士学位后的10多年里，摩尔根一直以实验胚胎学的研究为主业。虽然在世时他并没有取得令人瞩目的巨大影响力，但在1900年，也就是他逝世16年后，他的遗传学说才被人们重新发现。

起初，摩尔根很坚信这些定律，由于它们是建立在重复试验认证基础上的。但后来，太多的问题的出现导致摩尔根逐渐怀疑孟德尔的理论，他试图用白腹黄侧的家鼠与野生型进行杂交，结果却是五花八门的。同时，当时德弗里斯的突变论却越来越使他感到满意，于是，他开始用果蝇进行诱发突变的实验。

这个实验需要很多果蝇，同事们经常戏称为他的实验室是"蝇室"。实验室里除了有几张旧桌子，其余都是牛奶罐，当然，几千个牛奶罐里培养了千千万万只果蝇。

1910年5月，摩尔根有了重大发现，这要归功于他的妻子和一名实验室的实验员。他们在实验室里发现了一只奇怪的雄蝇，这只雄蝇的眼睛是白的，不像同胞姊妹那样是红色的。显然，这是个突变体，它的存在必将成为科学史上最著名的昆虫。

发现这只雄蝇的时，也正是摩尔根第三个孩子出世，当他离开实验室去医院看望妻子时，妻子见到他询问的第一句话就是："那只白眼果蝇怎么样了？"摩尔根的第三个孩子很健康茁壮，相反，他培育的那只白眼雄果蝇却越来越虚弱。摩尔根特别珍惜这只果蝇，他将这只雄蝇小心翼翼地装在瓶子里，就连晚上回家睡觉时都要带在身旁，然后在第二天又带回实验室。

那只雄蝇就这样养精蓄锐着，后来，它成功与一只身体健康的红眼雌蝇进行交配，之后它便死去，但是突变基因因此留下来了，在以后逐渐繁衍成一个大家系。

摩尔根因为果蝇的研究取得了巨大的成功，成为美国著名的进化生物学家、遗传学家和胚胎学家。后来有人甚至认为果蝇就是上帝专门为了摩尔根才创造的。

摩尔根发现：代表生物遗传秘密的基因的确存在于生殖细胞的染色体上。而且，他还发现，基因在每条染色体内是直线排列的。染色体可以自由组合，而排在一条染色体上的基因是不能自由组合的。基因学说从此诞生了，遗传学结束了空想时代，重大发现接踵而至，并成为 20 世纪最为活跃的研究领域。为此，摩尔根荣获了 1933 年诺贝尔生理学及医学奖。他是霍普金斯大学，也是美国的第一位诺贝尔生理学以及医学奖得主；也是第二位因遗传学研究成果而荣获诺贝尔奖的科学家。

第七节　爱德华兹
——常常被人们称为"疯子"的人

罗伯特·爱德华兹 1925 年 6 月 8 日出生于英国曼彻斯特，是英国生理学家，被人们誉为"试管婴儿之父"。爱德华兹 1948 年毕业于北威尔士大学农业和动物学专业，1955 年获得爱丁堡大学动物基因研究生学位，1956 年到 1978 年从事生殖生理学研究，在他的努力下，成功让试管婴儿诞生，这可是世界上第一例成功案例。1983 年～1984 年创办《人类生殖》杂志，同时成立欧洲人类生殖和胚胎学研究会。2001 年，因为爱德华兹在人类不育症治疗领域取得了辉煌成就，最终获得美国阿尔伯特·拉斯克医学研究奖。因创立了体外受精技术独享2010年诺贝尔生理学或医学奖。2013年4月10日，罗伯特·爱德华兹去世，享年87岁。

你信或不信，事实都在那

婴儿从形成到出世，就是卵子与精子结合，受精卵开始分裂，再经过270天左右时间的发育，开始离开母体来到人世的一个过程。一个孩子的诞生过程这样看起来貌似是非常简单的，但是，这对很多人来说却是不能完成的任务！在后来，一项开创先河的新技术改变了他们的命运，让不可能变为可能——这就是体外受精 (IVF) 技术，即"试管婴儿"技术。然而，这项技术在最初并不被大多数人接受，甚至被人们称作是一种"发疯"的行为。

事实上，"试管婴儿"并不是在试管里长大的婴儿，"试管"具体指的是孕育宝宝的关键步骤——让卵子与精子结合，这个过程在身体外的器皿里完成，而不是在妈妈的身体里完成。因为最早时候体外受精实验总是需要使用试管，所以就被人们俗称为"试管"。在器皿中完成受精，并在胚胎开始发育之后，再将其移植到母体子宫中，使其继续生长，直到出世。

在全世界，少说有大约10%的夫妇都患有不育症，所以在试管婴儿技术还没有出现时，除了用各种巫术，以迷信的方式来解决外，就别无他法了。

到了20世纪中后期，人类生物学研究飞速发展，但在医学界，帮助不育家庭解决问题的能力还是有限的。当然，这不代表科学界对此毫无作为，当时人们根据对受精和胚胎发育的研究，已经发现兔子等动物是可以在试管里受精的。

前人已经在此基础上取得了很多成果，英国科学家罗伯特·爱德华兹决定寻找治疗不育症的方法，他想要研究人类卵子能否体外受精。在研究过程中他获得很多重要的基础发现，其中包括人类卵子是如何发育成熟的，激素是如何进行调节卵子成熟过程的，以及卵子在什么情况下比较容易受精、精子在什么样的条件下"激活"……直到 1968 年，爱德华兹首次成功地实现了人类卵子的体外受精。

爱德华兹在研究过程中也遇到一些阻碍，后来他联系了斯特普托，之后便开始了两人闻名世界的合作。他们最开始选择用激素刺激那些不育女性的卵巢，然后从中将合适发育的卵子进行提取，最后成功进行体外受精。在他们的努力下，让受精卵突破了 1 次分裂的局限，再发育成 8 个细胞的早期胚胎。

但是更大的麻烦又出现了。就在他们将研究工作进展得如火如荼时，英国医学研究委员会停止了对研究项目的资助。后来一笔来自私人渠道的资助才使得两人能够继续研究。他们很努力想要将胚胎移植回女性体内，遗憾的是，经过上百次实验，均告失败。之后他们又找寻了许多其他方案，终于使得胚胎能够正常发育。

那时候，有许多非常希望生个孩子的不孕女性愿意提供卵子，给予他们做试验。其中有一位叫做莱斯莉·布朗的女性，她是由于输卵管不正常导致不能自然受孕的，爱德华兹和斯特普托将她的卵子进行提取，然后在培养液中使卵子与她丈夫约翰·布朗的精子进行结合，而后成功发育成 8 个细胞的胚胎，再将其植回到莱斯莉体内。

这个过程说来简单无比，但做起来却十分不易。但是，功夫不负有心人，1978 年 7 月 25 日 23 时 47 分，莱斯莉·布朗产下一个体重2700 克的健康女婴。这个世界第一个试管婴儿叫路易丝·布朗，她的出生是那么的举世瞩目，震动世界。

然而，人们在欢呼之余，也同时萌生了巨大的恐惧。试管婴儿会不会破坏现有的伦理关系？并且，"试管"里培育出的婴儿会不会是畸形怪物？所以随之而来的是一片恐慌之声，当时的报纸上有人惊呼：人们"扮演了上帝"、又一次"打开了潘多拉的盒子"、"违反了伦理道德"。

在质疑中取得成功

一个新时代不可阻挡地到来了。路易丝·布朗逐渐长大，她健康活泼，没有任何不正常的地方，她就是试管婴儿的最完美广告。

路易丝·布朗温柔、恬静、害羞、不爱出风头，她默默过着平静而普通的生活，后来她正常上学、工作甚至结婚，与一般人没有两样。

曾经有太多的人都骂爱德华兹是疯子，可爱的路易丝·布朗也受到牵连，她的童年由于经常要被问及来历而感到困扰，她曾经一度感到孤独无助……但是，后来随着越来越多的试管婴儿出生，人们便不在为此事咄咄逼人，情形渐渐向好的方面发展。因为，事实让人们认识了什么是科学进步。

经过完美的实验，又经过时间的考证，爱德华兹从"疯子"变成公认的"天才"，各种荣誉接踵而至，2010 年他获得诺贝尔奖。在第一个试管婴儿路易丝·布朗 25 岁的时候，全世界已经有大约 150 万名试管婴儿了。时至今日试管婴儿数量已增加到 500 多万，这个巨大的数字打破了质疑的喧嚣。

经过长期的跟踪研究显示，试管婴儿和普通孩子没什么两样，并且他们能够通过最自然方式的培育下一代。路易丝·布朗在 28 岁时就在自然受孕的情况下生了一个男孩。爱德华兹许多年前曾这样对媒体说："我常被人们称为疯子……没人愿

意在伦理方面冒险。许多人对我说，那些孩子（试管婴儿）不
会正常发育的。"

曾经和爱德华兹一同工作过的科学家马丁·约翰逊这样评价他："我
觉得爱德华兹获奖是众望所归，我奇怪这一奖励怎么来得这么晚。"爱
德华兹就是这样顶住压力，承受各种谩骂与诋毁，但仍然坚持研究，最
终成就了"惊世骇俗"的科学技术。试管婴儿的出现让太多不孕患者实
现了生儿育女的愿望，所以爱德华兹的获奖绝对是众望所归。

第 4 章

敢于冒险：拨开"空间时代"的层层面纱

天文学是一门既古老又现代的学科，面对浩瀚的宇宙，其具有超强的神秘感，令每个人为之向往……世界到底有多大？什么是天体？什么是星球？太阳、月亮以及我们生存的地球到底是什么样子的？探索这广袤而深远的奥秘，没有足够开阔的思维以及勇敢的冒险精神是不行的……

第一节　托勒密
——地心说的提出者

克罗狄斯·托勒密生于埃及，他是"地心说"的集大成者。托勒密在公元 127 年被送到当时的文化中心亚历山大求学。因为他勤奋好学，对知识极为向往，在亚历山大时期他阅读了很多的书籍，还学会了天文测量和大地测量。有关他的生平史书上记载并不多，但是他曾在亚历山大城住了很长时间，直到公元 151 年离开。

敢想也要敢说

《至大论》是托勒密最早的作品，是记录托勒密生活年代以及工作地点的最可靠的资料。在《至大论》这本书中，托勒密进行的天文观测记录有确切的日期，最早的记录日期是公元 127 年 3 月 26 日，最晚的则为日期为公元 141 年 2 月 2 日。因此得知，托勒密生前是活动于罗马帝国皇帝哈德良和安东尼两帝时代。

根据托勒密留下的观测记录进行推测，他当时所有关于天文方面的观测，地点都在罗马帝国统治之下的埃及亚历山大城。还有一种说法，说托勒密出生在希腊化城市托勒梅斯（今埃及的图勒迈塞），这也有可能是对的。对于他具体出生在哪儿也许我们无法确定，但是托勒密为人类做出的贡献是可圈可点的。

托勒密曾经在亚历山大长期进行天文观测，他一生最重要的著作要属《至大论》，里面记载很多他个人进行天文观测后的记录，相比那些其他人针对他做出的记录和对他本人一生事迹的记录来说，这本著作要更加真切一些。

有人说："托勒密的著作集古希腊天文学之大成，但是对于他个人的师承，迄今几乎一无所知。"因为《至大论》中曾使用到塞翁的行星观测资料，所以有很多人推测塞翁就是托勒密当初的老师，当然，这只是单方面猜测而已。根据研究发现，托勒密有很多著作后来都题赠给一个叫赛鲁斯的人。还有人推测在泰尔的马里努斯就是托勒密的老师。

由于托勒密在《地理学》一书中使用很多马里努斯的资料，同时进行很多次修订，但这些都并不足以确定托勒密的师承。

托勒密用一生总结了希腊古天文学的伟大成就，将他们整理成《天文学大成》，一共十三卷，之后又持续一年时间进行确定。他编制了星表，还说明了旋进、折射引起的修正，将日月食的计算方法得以确定等。

托勒密利用希腊天文学家，尤其是喜帕恰斯做过的大量观测以及其研究成果，将各种用偏心圆或小轮体系解释天体运动的地心学说做出系统化的论证，所以后世人就把这种地心体系用他的名字命名，称为"托勒密地心体系"。

《天文学大成》十三卷绝对算得上是那一时期有关天文学的大百科全书，之后延续到开普勒的时代，《天文学大成》十三卷都是天文学家必须研读的书籍。托勒密的《地理学指南》八卷，是其描绘世界地图的说明书，这本书里讨论到了天文学的原则。

后来，托勒密还著了《光学》五卷，里面第一卷讲述的是眼与光的关系，书中第二卷将可见条件、双眼效应进行说明，第三卷讲的是平面镜与曲面镜的反射及太阳中午与早晚的视径大小问题，第五卷托勒密试图得出折射定律，还将他的实验进行详细阐述，同时讨论了大气折射现象。

此外，托勒密还写了一些关于年代学和占星学方面的著作等。

除了在天文学方面托勒密有极高的造诣外，在地理学方面他也为世界奉献出了卓越的成就。他认为："地理学方面的研究对象应为整个地球，主要研究其形状、大小、经纬度的测定以及地图投影的方法等。"因此，托勒密自己制造了测量经纬度用的类似浑天仪的仪器（星盘）和后来驰名欧洲的角距测量仪。

成见最终抵挡不了科学的认知

关于地理学方面的著作，托勒密写了八卷的《地理学指南》，其中有六卷都是用经纬度标明的地点位置表。他标注的很多地点位置貌似都是根据他的本初子午线和用弧度来表现的平纬圈之间的距离来计算的，这是由于他的经度没有一个是从天文学上测定的，仅仅少数纬度是以这样的方式测定的。

后人在议论托勒密的历史功绩以及他对人类的影响时，涉及些轻易让人误入歧途的成见。这些成见与某些特定时期的宣传活动结合在一起，是非学术研究所得出的成果，但是却被广泛流传，虽是成见，但人们却有必要了解一些。比较重要的有如下两种。

第一种成见：认为将托勒密的身份看成为是一些古代科学文献的编辑者，因此产生引申联想……诸如《至大论》，自然会想到是袭自希帕恰斯的理论，而他的《地理学指南》，不过是将马里努斯著作进行一次翻版而已。当然，这些都是偏激之论。在 19 世纪初期的法国数学家、天文学史家 J·B·德朗布尔的《古代天文学史》一书中，学者们已经将这种看法予以否定。遗憾的是，目前在一些非学术的读物中有时还可以见到。

第二种成见：将托勒密和亚里士多德二人不同的宇宙体系混为一谈，所以认为托勒密是阻碍天文学发展的历史罪人。在当代科学史著述中，李约瑟曾经表示："亚里士多德和托勒密僵硬的同心水晶球概念，曾束缚欧洲天文学思想一千多年。"时至今日，还有很多中文著作反复援引。但是这种说法明显不是历史事实。

亚里士多德主张一种同心叠套的水晶球宇宙体系，但是托勒密在他的著作中根本没有采纳这种宇宙体系，托勒密也从没有表示过他是赞同这种体系的。所以，不管是托勒密还是亚里士多德，都不会像传言那样"束缚欧洲天文学思想一千多年"。

第二节　哥白尼
——利用业余时间也能成就梦想

尼古拉·哥白尼是 15 世纪～16 世纪的波兰天文学家、数学家、教会法博士、牧师。哥白尼在 40 岁时提出了"日心说"挑战统治地位几十年的"地心说"。在欧洲"政教合一"的影响下，罗马教廷控制了许多国家。想要与这种特殊的政治、经济变革相适应，那么在科学文化方面必然有全新的反映。他的科学成就反映了整个时代化，继而又转过来推动了整个时代的发展。1543 年 5 月 24 日，哥白尼生命垂危，他在病榻上收到著作《天体运行论》样书，当时他只是摸了摸书的封面，便驾鹤西去了。

不怕生存在混乱的大背景下

欧洲在 15 世纪～16 世纪这段时期里社会变革非常快，经历着从封建社会向资本主义社会过渡的关键时期。在这不到200年的时间里，社会各个方面都发生了巨大的变化。

14世纪以前的欧洲到处是四分五裂的小城邦，没过多久，城市工商业逐渐兴起，尤其是采矿和冶金业迅速发展起来，促使很多新兴的大城市逐一崛起。那些原来的小城邦开始呈现联合起来组成国家的趋势。15世纪末，很多国家都出现了中央集权的君主政体。那一时期的波兰不但拥有像波兹南、克拉科夫这样相对比较大的城市，还有很多手工业兴盛的城市正在崛起。1526年，这些元素归并于波兰的华沙，这里形成了一个重要的政治、商业、文化和地理的中心，到了16世纪末期正式成为了波兰王国的首都。而哥白尼以及他的学说可以说就是那一特殊时代的产物。

当时，《圣经》被宣布为至高无上的真理，不管是谁，只要敢违背圣经的学说，就会被断定为"异端邪说"。那些反对神权统治的人，最后都要被处以火刑，十分惨烈。在新兴的资产阶级大环境下，想要生存和发展，人们掀起了一场反对封建制度和教会迷信思想的斗争，不甘于压迫的人们，纷纷掀起了"人文主义"的思潮。

人们把古希腊的哲学、科学和文艺当成战斗武器，这就是震撼欧洲的文艺复兴运动。意大利是最早爆发文艺复兴运动的国家，之后文艺复兴很快就向波兰及欧洲其他国家蔓延。

哥白尼于1473年2月19日在维斯瓦河畔的托伦城诞生，他家境富足，父亲是个议员，同时还是个富商，他有两个姐姐，还有一个哥哥。不幸的是，在哥白尼10岁的时候他的父亲去世了，他也因此离开家，来到舅舅务卡施大主教家中接受抚养。也许正是因为生存在如此动荡而复杂的大背景下，才注定了哥白尼不平凡的一生。

"神医"也能改学天文

务卡施对哥白尼影响很大，他是一个人文主义者，频繁往来于波兰进步的知识界，和意大利伟大的革命家、人文主义者菲利普·布奥纳克西是非常要好的朋友。务卡施在哥白尼念中学的时候，就带着他参加人文主义者的聚会。到了1491年，又安排哥白尼到克拉科夫大学去学习天文和数学方面的知识。

哥白尼在18岁时到波兰旧都的克拉科夫大学学习医学，因为他一直对天文学有浓厚兴趣，所以在学校总是有意识地去接触这方面的知识。1496年，哥白尼23岁，他来到了文艺复兴的策源地意大利，并在博洛尼亚大学和帕多瓦大学继续攻读医学，同时还对法律和神学进行学习。

德·诺瓦拉是博洛尼亚大学的天文学家，他对哥白尼影响极大，哥白尼在他那里学到了很多希腊的天文学理论以及重要的天文观测技术。

由于学业有成，哥白尼成为一名非常著名的医生，甚至被人们誉名为"神医"。大家要知道，哥白尼其实并不是一位职业天文学家，他的成名巨著也不是他的专业研究对象，而是用业余时间完成的。

哥白尼在意大利期间，因为了解到了希腊哲学家阿里斯塔克斯的学说，坚信地球和其他行星都是围绕太阳运转的。大约在哥白尼40岁时，他开始着手"日心说"的传播工作，他会在朋友中散发一些简短的手稿，主要是向他们阐述自己有关日心说的看法。

后来，哥白尼又经历了长达2年的观察和计算，最终完成了对世界来说都极为伟大的著作——《天体运行论》。哥白尼在进行观测计算后得出来的数值的精确度令人震惊。

　　哥白尼学说使人们的整个世界观都发生了重大变化，推动了人类对宇宙认识的一次大革命。虽然天文学的应用范围不像物理学、化学以及生物学那样广泛，但意义却是极为深远的。

　　从历史的角度来看，《天体运行论》是现代科学的起点。

　　"神学家的天空"基础就是"地球是宇宙的中心"，这是中世纪的神学家为了吹捧托勒密的结论的言论，但他们却隐瞒了托勒密的方法论。托勒密建立了天才的数学理论，企图凭人类的智慧，用观测、演算和推理的方法，去发现天体运行的原因和规律，这正是托勒密学说中富有生命力的部分。所以，就算是托勒密的"地球中心学说"和神学家的宇宙观不谋而合，但是两者之间还是有本质区别的。

　　而哥白尼正是对此做出最为正确的评价，他说："应该把自己的箭射向托勒密的同一个方向，只是弓和箭的质料要和他完全两样。"哥白尼在世时，非常刻苦地钻研过托勒密的著作，经过对理论的研究，他发现了托勒密错误结论和科学方法之间的矛盾。也就是说，哥白尼找到了托勒密错误的根源，他是拨开迷雾找到真理的人。哥白尼一直认为在天文学的发展的这条道路上，需要发现宇宙结构的新学说，而不是继续"修补"托勒密的旧学说。

　　哥白尼有一句名言："现象引导天文学家。"哥白尼观测天体的目的和之前的学者们恰好相反。他并不是非要宇宙现象服从"地球中心"学说，而是要让宇宙现象来解答他所提出的问题，然后创立新的学说——"太阳中心"学说。事实也证明，他以这种目标为出发点的观测，最终促进了人类对天文学的彻底变革。

第三节　第谷
——用肉眼进行观测的天文学家

　　第谷·布拉赫，丹麦天文学家，近代天文学的奠基人。第谷于1546年12月14日生于丹麦斯科的一个贵族家庭，如今该地属于瑞典，卒于1601年10月24日。第谷的童年生活有些特别，他不是跟随父母长大的，而是在幼年时被父母过继给伯父约尔根·布拉赫。他从小就受到良好教育，曾经先后就读于哥本哈根大学、莱比锡大学、罗斯托克大学、巴塞尔大学等多所大学。第谷是一位杰出的观测家，是著名天文学家开普勒的导师，他还是"新星"一词的创建者。

使用最简单的观测手段

　　第谷的亲生父亲是丹麦皇家法庭的重要人物，母亲来自于一个盛产政治家和神父的家族，他本来有一个孪生兄弟，但是在出生不久后就死了。此外，他还有一个姐姐、一个妹妹。在第谷1岁时，命运跟他开了个玩笑，他的伯父家里因为没有孩子，就把他偷偷带走了，由自己抚养，在后来正式获得对他的抚养权。

　　此后，第谷跟伯父伯母一起生活。

　　第谷在1559年进入哥本哈根大学读书，第二年8月他根据预报观察到一次日食，从此对天文学萌生了极大的兴趣。1562年，第谷离开哥本哈根大学来到德国莱比锡大学，这次是学习法律，在攻读正课外，他只要一有时间就进行天文学的研究。

第谷在 1563 年观察了 "木星合土星"，并且据此写了他平生第一份天文观测资料，同时注意到 "合" 的发生时刻比星历表预言的早了一个月。他从中了解到当时用的星历表会产生很大偏差。他想要自己编制更精确的星历表，于是开始了长期的、系统的观测生涯。

1566 年第谷为了扩大研究范围开始到各国漫游，后来进入德国罗斯托克大学攻读天文学。也就是从那时候开始，他正式投身天文研究工作，并在之后取得了重大的成就。

1572 年占星术逐渐发展起来，引起了第谷的注意，他最终在一颗爆发的新星体突然在 11 月 11 日闪亮之际，使自己出了名。

对于新星体爆发，一个叫伊巴谷的人曾经注意到一次，早在 1054 年也出现一次新星体爆发，但是当时只有中国和日本的天文学家观察到了。

这些星球在亮度突然激增以前用肉眼是看不见的。在使用望远镜观测以前，这些星星确实好像是新星。1572 年，第谷在观察到了这颗星球后，在一本篇幅为五十二页的书中提到此星的发现，又重点强调了对星占学起到了重要意义。这本书的标题很简短——《关于新星球》。

最开始，第谷在出这本书之前很犹豫，因为那时候他觉得写书会降低高贵人的身份，但是后来，他一点点克服了这种思维的影响。

第谷做出了如此重大的贡献，丹麦国王腓特烈二世决定担当起保护这位年轻伟大的国民的守护者。第谷就像那一颗闪烁的新星一样，发出了耀眼的光辉，后来国王还阻止他移居到当时天文学研究的中心德国去。

后来，国王腓特烈二世主办了由第谷主讲的天文讲座，更加重要的是，他还派人在丹麦和瑞典之间的赫维恩岛上专门给第谷修建了一个天文台。这座专门为第谷建立的天文台特别有讲究，天文台装置着当时所能制做出的最好的仪器。实际上，是世界历史上第一座真正意义上的天文台，估计耗费相当于今天的 150 万美元，在 1580 年竣工。国王甚至不惜一切代价建造了一个直径为五英尺的巨大天球仪。

从此，第谷开始誉满天下。身处欧洲各地的学者慕名前来拜访他，就连第谷一直以来崇拜的统治者也来拜访他，如苏格兰国王詹姆斯六世。

第谷晚年还为天文事业做出了一个非常大的贡献——发现和培养了开普勒。

和朋友一起在科学阵地上飞驰而行

开普勒是个勤勉的人，他和老师第谷一样，在天文学方面有着极为执着的情怀，他没有辜负第谷的苦心培育和殷切期望。开普勒后来在科学阵地上飞驰而行，相继创立了"行星运动三定律"，在科学史上做出了不可磨灭的巨大贡献。

开普勒在年轻时候就完成了《神秘的宇宙》一书，在书里他设计出一个极为有趣的、由很多有规则的几何形体构成的宇宙模型。第谷是在 1599 年看到那本书的，他对作者开普勒表现出十分的欣赏，就写信给开普勒，邀请他前来自己这边做助手，同时还细心地给开普勒寄了路费。

开普勒当然非常愿意来到第谷身边，二人凑到一起后开始了朝夕相处、形影不离的日子，他们不仅是师徒，后来还结成了忘年交。在研究方面，第谷对开普勒进行精心指导，在经济上第谷更是慷慨相助。第谷只希望这个徒弟能够早日取得成功。

遗憾的是，在二人相处一段时间后，因为开普勒的妻子十分多疑，就挑唆开普勒、第谷决裂了。开普勒开始公开散布第谷的坏话，还曾留下一封侮辱第谷的信，最后不辞而别。第谷非常伤心,他爱才如命,根本不舍得开普勒离去。当他了解到这完全是个误会后,立即给开普勒写信,他不计前嫌,胸怀宽广地请开普勒回来。

开普勒在看过第谷的真挚友好的来信后,非常惭愧。他当时流出两行热泪,然后提笔写了封忏悔信,向第谷承认错误。

就在两人重修旧好之后,开普勒还时不时对自己进行检讨,这时第谷就会马上制止他说:"过去的事情还要说什么呢?你是我的好朋友。现在我们又在一起研究了,这就够了!"

第谷不计较原来的旧怨,最后还将开普勒推荐给国王,告诉国王开普勒是多么的有才华,同时还将自己几十年辛勤积累下来的观测资料和手稿,一并交给开普勒。最后,第谷语重心长地对开普勒说:"除了火星所给予你的麻烦之外,其他一切麻烦都没有了。火星我也要交托于你,它是够一个人麻烦的。"

第四节　开普勒
——敢"幻想"敢"出错"

约翰尼斯·开普勒,德国杰出的天文学家、数学家与占星家,公元 1571 年 12 月 27 日生于神圣罗马帝国符腾堡的威尔德斯达特镇,公元 1630 年 11 月 15 日因病卒于巴伐利亚公国的雷根斯堡,著名的行星运动的三大定律就是开普勒发现的。定律分别是轨道定律、面积定律和周期定律。针对这三大定律,具体的描述为:"所有行星分别是在大小不同的椭圆轨道上运行;在同样的时间里行星向径在轨道平面上所扫过的面积相等；行星公转周期的平方与它同太阳距离的立方成正比。"
开普勒提出的这三大定律为哥白尼的日心说提供了最可靠的证据，也使
他赢得了"天空立法者"的美名。同时，开普勒在数学以及光学方面也
做出了卓越的贡献，他是现代实验光学的奠基人。

不正确的必将被推翻

开普勒从小学业成绩就非常好，后来如愿考入大学，于 1588 年 9
月 25 日获得文学学士学位。1591 年 8 月 11 日，开普勒想继续学业，
通过努力又参加了文学硕士学位考试，并成功考取。那个时候他的理想
是当一名路德教的牧师，因此开始留校系统地学习神学。

在大学里，开普勒深受天文教授麦斯特林的影响，这位教授经常秘
密传播哥白尼学说。开普勒在后来进行回忆时说："当我在杰出的麦斯
特林的指导下开始研究天文学时，看到了旧的宇宙理论的许多错误。我
非常喜欢教授经常提到的哥白尼，在与同学们辩论时我总是坚持他的观
点。"

开普勒对天文学和数学有着浓厚的兴趣。

1594 年，因为奥地利的格拉茨新教高级中学的那位数学教
师去世了，所以学校要求杜宾根大学给选派一名能够担任此职
的后继者。那时开普勒的神学课程还有一年才读完，但是校方
觉得开普勒如果做教士的话表现得不够虔诚，所以极力推荐他
去格拉茨当老师。开普勒的很多朋友当时也都赞同他去，同时
劝他放弃神学。

于是，就在那年开普勒来到了格拉茨中学，担任起教育学
生的重任。他教授的学科有天文和数学，之后又教修辞学、古
典文学和道德学。

在天文学方面，如果说伽利略的望远镜为哥白尼体系提供的论据是令人信服的，但也只是定性的意义。由于人们"坐地观天"，可以直接看到的只是行星在恒星天球上垂直于视线方向的位移，但并非是它们在空间里的真实运动。想要将哥白尼体系做出直接论证，需要探求行星的"真实轨道"，然后还需要进行严格的考证。

哥白尼的日心宇宙理论肯定是正确的，但他的体系还存在缺陷，于是很快就被推翻了。而开普勒就是验证哥白尼事业之功、揭开行星运动之谜的是不朽的那个人。

为捍卫真理而不懈努力

开普勒的一生命运多舛，从小过着颠沛流离的生活。他的童年是在宗教斗争（天主教和新教）情势中度过的。开普勒原本是一个新教徒，后来进入新教的神学院——杜宾根大学攻读，最初是想成为一名神学者，到后来开始对数学和天文学产生莫大的兴趣。

开普勒在大学期间深受麦斯特林赏识，自从他从老师那里了解到哥白尼学说后，便理所当然地成为新学说的拥护者。他也认为哥白尼是自由的思想家，更是个才富五车的人，他对日心体系予以超高评价。

不仅如此，开普勒还是个能言善辩的人，喜欢在各种场合发表自己的见解。也因此引起学院领导机构，也就是教会的警惕，他们考虑到开普勒也许是个"危险"分子，所以开普勒没有获得担任神职的许可。后来他成了一名教师。在担当教师的那段岁月里，开普勒还编制了当时非常盛行的占星历书。

对于开普勒来说，占星术绝对算是一门伪科学，他根本不信这一套。他不相信地上人类生息的祸福命运会与天上那些星辰的运行有关系。

他虽然曾经从事此项工作，但在工作时经常自我解嘲道："作为女儿的占星术若不为天文学母亲挣面包，母亲便要挨饿了。"开普勒还曾诙谐地写道："我预备征服战神马尔斯，把它俘虏到我的星表中来，我已为它准备了枷锁。但是我忽然感到胜利毫无把握……这个星空中狡黠的家伙，出乎意料地扯断我给它戴上的用方程连成的枷锁，从星表的囚笼中冲出来，逃往自由的宇宙空间去了。"

从那时起，开普勒正式开始从事研究他毕生最感兴趣的天文学，也为他日后取得巨大成就埋下伏笔。

1596 年开普勒发表《宇宙的神秘》，这是他在宇宙论方面发表的第一本重要的著作。在这篇论文中他清晰确认了哥白尼体系，与此同时，他还因袭了毕达哥拉斯和柏拉图用数来解释宇宙构造的神秘主义理论。

他在序言中指出："我企图去证明上帝在创造宇宙并且调节宇宙的次序时，看到了从毕达哥拉斯和柏拉图时代起就为人们所熟知的五种正多面体，上帝按照这形体安排了天体的数目、它们的比例和它们运动间的关系。"也就是说，开普勒认为太阳居中心，地球、土星、金星、火星、木星和水星的轨道分别在大小不等的六个球的球面上，六球依次套切成正四面体、正六面体、正八面体、正十二面体和正二十面体。

虽然这种假设听起来十分荒唐，但它促使、鞭策着开普勒进一步去寻找宇宙构造理论的正解。后来，他把这本书分别给那些科学名人寄去。其中，丹麦天文学家第谷·布拉赫虽不赞同开普勒提出的日心说，却被开普勒的数学知识和他的创造天才所吸引。

后来，因为德意志爆发了反宗教改革运动，开普勒任职的格拉茨中学又回归天主教所管辖，新教徒的师生被清除出学校。开普勒虽然是位新教徒，但因为他声名远扬的缘故被破例复聘。但是开普勒眼见自己那些学生就这样尽数散去，他实在太难过了，所以不愿再回格拉茨，之后就接受了第谷的邀请，在 1600 年来到布拉格郊外的天文台，成为第谷的得力助手。

第五节　哈雷
——坚信自己，创造哈雷彗星奇迹

埃德蒙·哈雷是英国天文学家、数学家、地理学家、物理学家和气象学家。他生于 1656 年，卒于 1742 年。他曾经在世界名校牛津大学担任几何学教授，更是格林尼治天文台的第二任台长。哈雷最大的贡献就是将牛顿定律完美应用到彗星运动上，并准确预测出那颗如今被称为 "哈雷彗星" 的星体是作回归运动的事实。此外，哈雷还观测到其他三颗星的自行星，为天狼星、南河三和大角，更发现了月球的长期加速现象。

敢于预言，计算出哈雷彗星轨道根数

哈雷出生在英国，大学就读于牛津大学王后学院念的，20 岁时毕业。毕业后他没有继续获得学位的学习，而是去圣赫勒纳岛筹建了一座临时的、简易的天文台。哈雷在天文台仔细地观测天象，同时编制了世界上第一个南天星表。哈雷的这一贡献弥补了天文学界原来仅有北天星表的空缺。哈雷编制的这个南天星表内容很丰富，其中囊括了 381 颗恒星的具体方位。南天星表发表于 1678 年，那时候哈雷不过 22 岁。

人们都知道哈雷曾经对一颗彗星进行了准确的预言。哈雷在 1680 年机缘巧合结识巴黎天文台第一任台长卡西尼并与其开始合作，他们一同观测了当年出现的一颗非常大的彗星。哈雷也正是从那个时候对彗星产生了兴趣。

在整理彗星观测记录的漫长过程中，哈雷发现在 1682 年出现的一颗彗星的轨道根数与 1531 年阿皮延观测的、1607 年开普勒观测的彗星轨道根数相近，并且彗星出现的时间间隔差不多一样，为 75 年或 76 年。

根据这条依据，哈雷开始运用牛顿万有引力定律对此进行反复推算，得出一条结论，他认为这 3 次出现的彗星也许是同一个彗星，而不是人们认为的是 3 颗不同的彗星。哈雷预言这颗彗星还会出现，就在 1759 年。预言一出，立即引起了人们的注意，就在 1759 年 3 月，世界上几乎所有的天文台都在做准备，等待观测哈雷预言的这颗彗星的到来。

果然，1759 年的 3 月 13 日那天，这颗十分闪耀的彗星真的拖着它那条长长的尾巴出现在浩瀚的星空中……但让人们感到遗憾的是，此时哈雷已经去世多年了，他没有能够亲眼看到这一激动人心的时刻。

1758 年，人们为了纪念哈雷以及他的卓越贡献，将这颗彗星命名为"哈雷彗星"，这一年已经是哈雷逝世 16 年之后了。根据哈雷的计算，这颗彗星预计在未来的 1835 年和 1910 年还会出现，结果都应验了，这颗彗星每次都像哈雷预计的那样如期而至。

绘制能够显示大西洋各地磁偏角的地图

哈雷绝对是个不同凡响的人物。他一生过得丰富多彩，做过很多种工作，并且每种工作之间的联系也不紧密，也就是说，他是个各方面都很优秀的人。他当过牛津大学几何学教授、皇家天文学家、地图绘制员、深海潜水钟的发明人，还当过船长、皇家制币厂副厂长等。

他的一生还写过很多著名的著作，其中有关潮汐、磁力和行星运动方面的文章都十分有权威，他还极为天真地写过有关鸦片的效果的文章。他的发明也很多，气象图和运算表都是他发明的，还发现了恒星的自行。哈雷提出了依托金星凌日的良好机会对地球的年龄和地球到太阳的距离进行测算的方法。

此外，哈雷还发明了一种能够把鱼类进行保鲜，直到淡季再食用的惠民方法。

哈雷以船长身份督行时，在他们的船航海归来后，他亲自绘制了一张能够显示大西洋各地磁偏角的地图。对于磁偏角，在我国宋代时期科学家沈括第一次发现磁偏角现象，就是指南针指示的北方与实际正北方的夹角。

哈雷在 15 岁左右时，就对磁偏角现象产生浓厚兴趣，他还亲手进行过几次测量。30 多年后的一天，那时的哈雷已经经历过在大海上航行的重重艰辛，了解到乘船航行的所遇到的各种困难，之后便绘制出来这张实用又美观的地图。

这个地图对人类文明发展起到了巨大作用，它是世界上第一张绘有等值线的地图。在地图中，每一条曲线所经过的点，磁偏角的值都是相同的。如今，我们时常看到的地图有等高线地形图以及等气压线的天气图等，这些就来自于哈雷当年的创意。所以人们在当时把等值线称为"哈雷之线"。

哈雷这个人还有个特点，他勇于冒险，无所畏惧，倘若有人想出某些难题向哈雷请教的话，哈雷必定会积极对待，用一切方法去解决它。比如说，曾经有一个皇家学会成员，名为约翰·霍顿问过哈雷："怎样才能合理而准确地测量出英格兰和威尔士的总面积呢？版图是不规则的，直接对着地图，用尺子测量再计算显然太费功夫了。"

这个问题其实非常复杂，如果按照一般的思路很难解释明白，但是哈雷利用聪明才智选择了一种独特的方式轻松做出了解答。

当时，他找来了一张最为精确的地图，然后贴在一块质地均匀的木板上，再小心地沿着边界将地图上的"英格兰"和"威尔士"两个部分切下来，给它们称重量，之后又切下一块面积已知的木板，称其重量。这样一来，两块的木头的重量之比就是它们的面积之比。那么英格兰和威尔士在地图中的面积就能够轻易算出来了。之后再根据比例尺对其进行放大处理，两地区的实际面积就了然了。哈雷用这种方式得出的结果准确率极高，和如今人们用高科技手段测量出的面积结果很相近。这种方法也能在一些科学竞赛中找到踪影。

坚信自己，愿意为科学"买单"

哈雷的一生发生过很多有意思的事情，然而，他在科学界的一次"打赌"事件对人类做出了非常大的贡献。

这次的赌注并不大，与他打赌的同样是那个时代的杰出人物，一位是罗伯特·胡克，另一位则是时刻散发威严气质的克里斯托弗·雷恩爵士。雷恩爵士最开始是一位天文学家，后来还当过建筑师，但人们对他的建筑师身份往往不大记得了。

这件事情发生在 1683 年，哈雷与胡克、雷恩在伦敦吃饭，他们在谈到天体运动时表示：行星往往倾向于以一种特殊的卵行线即以椭圆形在轨道上运行，如果用理查德·费曼的话来说是"一条特殊而精确的曲线"。可是，不知雷恩是出于什么原因，他当时慷慨地提出如果他们之间谁能找到答案，他愿意拿出相当于两个星期的工资，也就是 40 先令作为奖励给发现者。

胡克当时表示要"把答案保密一段时间,别人因此会知道怎么珍视它",但后来没有迹象表明他有没有再想过这件事。但是哈雷因此就像着了迷一样,因为他不知道答案,于是迫切想找到答案。

就在打赌的第二年,哈雷刻意前往剑桥大学去拜访牛顿,希望得到他的指点。他的这次拜访有些唐突,针对这次相会,一位叫亚伯拉罕·棣莫佛的人,也是牛顿的密友后来写了一篇针对这次会面的叙述:

1684 年,哈雷博士来剑桥拜访牛顿。他们在一起待了一会儿以后,博士问他,要是太阳的引力与行星离太阳距离的平方成反比,他认为行星运行的曲线会是什么样的。这里提到的是一个数学问题,名叫平方反比律。哈雷坚信,这是解释问题的关键,虽然他对其中的奥妙没有把握。艾萨克·牛顿马上回答说,会是一个椭圆。

博士又高兴又惊讶,问他是怎么知道的。"哎呀,"他说,"我已经计算过。"接着,哈雷博士马上要他的计算材料。艾萨克爵士(牛顿)在材料堆里翻了一会儿,但是找不着。这是很令人吃惊的——犹如有人说他已经找到了治愈癌症的方法,但又记不清处方放在哪里了。在哈雷的敦促之下,牛顿答应再算一遍,便拿出了一张纸。他按诺言做了,但做得要多得多。有两年时间,他闭门不出,精心思考,涂涂画画,最后拿出了他的杰作:《自然哲学的数学原理》。并且,哈雷自费为牛顿出版了这本书。

由此可见,《自然哲学的数学原理》这部科学史上最伟大的著作的诞生,哈雷功不可没。他对科学的冒险精神,不仅让他取得了伟大成就,同时也激励了他人。

第六节 哈勃
——既然认定了就必须潜心研究

爱德温·哈勃是美国天文学家，生于 1889 年，卒于 1953 年，他是河外天文学的奠基人，也是研究现代宇宙理论最著名的人物之一。哈勃不仅发现了银河系外星系存在及宇宙不断膨胀现象，还是提供宇宙膨胀实例证据的第一人。同时，他也是星系天文学的创始人和观测宇宙学的开拓者，被称为"星系天文学之父"。他曾经获得太平洋天文学会奖章和英国皇家天文学会金质奖章。哈勃最著名的著作是《星云世界》和《用观测手段探索宇宙学问题》，这两本书都是现代天文学名著。

不断摄入天文学方面的"新思维"

在大学期间，哈勃因为受到天文学家海尔启发逐渐接触并喜爱上天文学。在芝加哥大学时期，他努力学习，分别获得了数学和天文学的校内学位。1910 年在芝加哥大学毕业，那年他 21 岁，因为成绩优异他还得到了一笔奖学金。

结束了芝加哥大学的学业，他前往英国牛津大学继续攻读，这次学习的是法律专业，在 23 岁时顺利拿下文学士学位。

1913 年，哈勃在美国肯塔基州开业当律师。但他一直放不下有关天文学的研究工作，一心扑在天文学研究上，还为此做出重大选择——返回芝加哥大学，到叶凯士天文台攻读研究生。那年他 25 岁，3 年后获博士学位。值得庆幸的是，毕业后就在该校设于威斯康星州的叶凯士天文台正式从事天文研究工作。

1919 年，参军两年后哈勃退伍，来到威尔逊天文台专心研究河外星系并做出新发现。

哈勃因为对 20 世纪天文系做出诸多贡献而被尊为"一代宗师"。他最突出贡献有两个方面：第一，确认星系是与银河系相当的恒星系统，开创了星系天文学，建立了大尺度宇宙的新概念；第二，发现了星系的红移－距离关系，促使现代宇宙学的诞生。

哈勃 1914 年在叶凯士天文台研究星云的本质，这期间他提出有一些星云是银河系的气团。还发现了亮的银河星云的视直径同使星云发光的恒星亮度有关。对此，他反复研究和推测，认为这些星云，尤其是那些具有螺旋结构的星云也许就是更遥远的天体系统。

1919 年，哈勃利用当时世界上最大的望远镜（150 厘米和 254 厘米的望远镜）照相观测旋涡星云。当时天文界正围绕"星云"是否是银河系的一部分而展开一系列激烈的讨论。

1923 年 ~ 1924 年，哈勃利用威尔逊山天文台的 254 厘米反射望远镜成功拍摄到仙女座大星云和 M33 的照片，把它们的边缘部分分解为恒星，在分析一批造父变星的亮度以后断定，这些造父变星和它们所在的星云距离我们十分遥远，大约是几十万光年。这个距离远远超过了当时已知银河系的直径尺度，因而一定位于银河系外，即它们确实是银河系外巨大的天体系统——河外星系。

1924 年美国天文学会召开了一次学术会议，在会议上正式公布了这一发现。

这项发现让天文学家们分出了对于"宇宙岛"争论的胜负，不得不让全体天文学家都意识到，多年来关于旋涡星云是近距天体还是银河系之外的宇宙岛的争论就此结束，从而掀起了探索宇宙的全新篇章。

哈勃在 1926 年发表了有关对河外星系的形态分类法，日后被人们称为"哈勃分类"。

在 20 世纪初，斯里弗在对旋涡星云光谱经历了多年研究后，了解到了谱线红移现象。在斯里弗这一理论基础上，哈勃和助手赫马森一同协作，对遥远星系的距离与红移进行了大量测量工作。他们发现，远方星系的谱线都有红移，并且得出越是距离远的星系红移就越大。之后一个重要的结论得出来了：星系看起来都在远离我们而去，且距离越远，远离的速度越高。

出版《星云世界》一书

1929 年，哈勃通过对已测得距离的 20 多个星系的统计分析，更进一步发现星系退行的速率与星系距离的比值是一常数，它们之间存在着线性关系。日后人们将这个关系称为"哈勃定律"。这个被称为"哈勃常数"的速率就是星系的速度同距离的比值。

哈勃得出的这个结论对人们了解宇宙有着深远的意义，因为一直以来，天文学家都普遍认为宇宙是静止的。若认为红移是星系视向运动的多普勒效应造成的，那么根据红移距离的关系表明，距离越远的星系正以越来越快的速度远离我们。

哈勃定律的发现有力地推动了现代宇宙学的发展。

倘若用广义相对论，人们一般会把哈勃定律诠释为是宇宙膨胀的必然结果。但是在后来，经过其他天文学家的理论研究之后，事实上，宇宙已按常数率膨胀了 137 亿年之多。

至少在 20 世纪初期，绝大多数天文学家都认为宇宙根本不会膨胀出银河系。但从 20 世纪 20 年代初期开始，就在哈勃使用望远镜观察到神秘的仙女座时，他发现仙女座中的星云根本不是银河系的气体，那是一个相对独立的星系。可见，在银河系之外，还有太多的其他的星系，那么真正的宇宙其实比人类想象的要大得多得多。

1936 年哈勃出版了《星云世界》一书，那是在他对旋涡星云的空间分布进行研究之后的著作。在这本书里，他细致地描绘了旋涡星云按银道坐标的空间分布图。这幅分布图向人们清晰展示出在银道面上几乎完全看不到旋涡星云，并且在银道面两旁也不多见。但是，随着银纬增高，旋涡星云就越来越多。这一现象就是因为银河系内银道面附近浓密的星际物质的吸光作用造成的。

哈勃还对银河星云的发光机制进行过研究，1922 年他指出："发射星云近旁往往有光谱型早于 B1 型的恒星，反射星云近旁往往有晚于 B1 型的恒星。"之后这位伟大的天文学家的天空探索之路因为疾病而终止。

1953 年，哈勃在回家途中突发中风，没多久就病逝了，伟大的天文先驱者就这样烟消云散。1990 年，为纪念哈勃的丰功伟绩，美国国家航空航天局将发明的空间望远镜以哈勃的名字命名，即"哈勃空间望远镜"。

第七节　赫歇尔——与其四处争战不如搞天文研究

　　弗里德里希·威廉·赫歇尔出生于 1738，去世于 1822 年，英国天文学家，恒星天文学的创始人，被誉为"天文学之父"。后来人们为了纪念这位英国的天文学家，欧航局用赫歇尔的名字命名了一颗探测卫星，于 2009 年 5 月 14 日将"赫歇尔"卫星用火箭发射到太空。从天文学角度来说，赫歇尔的家族是不同一般的，不仅威廉·赫歇尔是天文学界的巨擘，就连他的妹妹卡罗琳·赫歇尔，他的儿子约翰·赫歇尔等，都曾经为天文学做出卓越的贡献。当然，其中最为杰出的还要属威廉·赫歇尔。

向天文学研究之路进发

　　威廉·赫歇尔出生在德国汉诺威，他的父亲是个双簧管手，效力于汉诺威近卫步兵连军乐队。他家共有 6 个孩子，赫歇尔排行第三。

　　赫歇尔后来子承父业，15 岁时就在军队中担任小提琴手和双簧管吹奏者。在军队时期，他最大的志向是当一名成功的作曲家。但是，赫歇尔在业余时间并没有专注于作曲，而是致力于研究数学、语言和光学方面的知识，后来又产生了想要利用望远镜观看天体的强烈愿望。

1756 年,赫歇尔无奈身陷"七年战争"之中,他无比厌恶战争,万分不想参与其中,就想方设法在 1757 年逃离了军队,向英国躲难。他最早到了利兹,之后又辗转到游览胜地巴斯。在那里,他因为具备音乐方面的天赋站稳脚跟。继而于 1766 年被正式聘为巴斯大教堂的管风琴师。

赫歇尔技艺纯熟,后来逐渐成为当地小有名气的风琴手兼音乐教师,每周都有多达 35 名的学生等待他指导。1772 年,他的妹妹卡罗琳·赫歇尔找到了他,兄妹二人相聚后,妹妹开始担任他的管家一职,同时开始向哥哥学习英语和数学。卡罗琳很努力,她悉心照料着家务,还耐心地记录着日记,最终留下了威廉·赫歇尔 50 年的工作史。

卡罗琳对哥哥的照顾无微不至,每当哥哥专注于磨望远镜镜片而忘了吃饭时,卡罗琳就亲自喂哥哥吃饭。

赫歇尔对天文学的兴趣不是一两天就形成的,起初他亲手磨制透镜,后来有了望远镜后就开始从事观测工作。因为卡罗琳一直担当他的助手,所以耳濡目染地也开始了对天文学的研究。

1773 年,赫歇尔拥有了自己的第一架天文望远镜,这架望远镜能将物体放大 40 倍,但他继续努力,想要将制造出更好的望远镜。1776 年,赫歇尔已经能够制造出焦距分别为 3 米和 6 米的反射望远镜,更加便利了他的巡天观测。1781 年 3 月 13 日,赫歇尔有了人生当中非常重要的一个大发现——他看到了一颗新的行星——天王星。

天王星的发现引起了天文界的轰动。当时英国国王乔治三世也是个狂热的天文学爱好者,国王开始注意起赫歇尔以及他的工作。为此,国王先是赦免了赫歇尔当初逃离军队的过失,后来又从 1782 年起,正式聘请赫歇尔做他的私人天文学家。此后,赫歇尔带着妹妹迁往温莎附近的达切特从事研究工作。

1786 年,赫歇尔离开达切特迁往斯劳,之后就再没动过地方。他在斯劳工作的 30 年时间，制造了一系列大型望远镜，同时进行了很多具有开创性的观测。他成果卓著，于 1816 年被国王册封为爵士。

赫歇尔经过不懈努力，取得了许多傲人成果，具体内容为：他扩充了含 100 个星云的夏尔·梅西叶星云星团表，最终达到了 2000 多个天体；他发现了天王星的两个卫星（天王卫三和天王卫四）和土星的两个卫星（土卫一和土卫二）；他把天河的外貌解释成我们从一个磨盘状银河系内部所看到的情景。

对枯燥的工作奉献极大的热情

赫歇尔在 1783 年通过对一些现有的恒星自行资料的分析，推测出太阳有向武仙座方向的空间运动的趋势，称为太阳的本动。后来又继续了多年的巡天观测，针对一些拟定选区的恒星进行谨慎的采样统计，最终于 1785 年得出一幅扁而平、轮廓参差、太阳居中的银河系结构图，因此大致确立了银河系的概念。

1787 年，赫歇尔发现两颗天王星卫星，即天卫三和天卫四，两年后又发现两颗土星卫星，即土卫一和土卫二。通过对双星进行长时间的观测，得出 1782、1785 和 1821 年先后刊布包含 848 对新发现的双星的表。

1802 年～1804 年这段时间，赫歇尔指出大部分双星并非在方向上偶然靠在一起的光学双星，而是物理双星，同时观测到双星两子星的互相绕转。通过对星团、星云的一系列观测之后，赫歇尔三次出版星团和星云表，刊载了 2500 个星团和星云。1800 年，赫歇尔首次探测到天体的红外辐射，发现太阳光谱中红外波段有辐射。

其间，人们对他的妹妹卡罗琳参与这些工作的深入程度并不明了，但一直觉得卡罗琳不仅是赫歇尔的助手，她更像是一个合作者。事实证明，卡罗琳自己也发现了很多星云。赫歇尔于 1822 年 8 月 25 日逝世后，卡罗琳回到汉诺威，开始着手编制一部含有 2500 个星云和星团的表。在著作编制完成后，她因此于 1828 年获得皇家天文学会的金质奖章，那年她已经 78 岁。

赫歇尔在 1821 年当选为刚建立的英国皇家天文学会首任会长。同时，受他影响，他的儿子 J·F·W·赫歇尔也是一位天文学家。赫歇尔和妹妹、儿子一家三人通常被他人合称为"赫歇尔一家"，他们是 18 ～ 19 世纪英国一个对天文学有卓越贡献的家庭。以下是他们一家对天文事业做出的贡献详表：

第一，制造了很多大型的望远镜。赫歇尔一生磨制并出售的望远镜多于 76 架。自己用于研究的反射望远镜最大口径为 1.2 米，在当时是世界最大的。

第二，观测到了天王星。1781 年，威廉·赫歇尔用自己制造的望远镜作巡天观测，在偶然间观测到了天王星，之后又相继发现了天王星和土星各自的两颗卫星。因此荣获英国皇家学会科普利奖章，也被选为会员。

第三，用统计法首次确认了银河系为扁平状圆盘的假说。

第四，从事双星、星团和星云的研究，基于 20 年的观测，将成果汇编成三部星云和星团表，其中一共记载了 2500 个星云和星团，那时候只有 100 多个是前人已知的，后来还发现了 848 个双星、三合星和聚星。

第五，发现了太阳的空间运动。他发现并测定出太阳的向点位于武仙座 λ 附近，与现代的公认值十分接近。

由于威廉·赫歇尔在天文学，尤其是恒星观察领域取得巨大成果，后人将他誉为"恒星天文学之父"。

第 **5** 章

心虔志诚: 实现将信息高速传达的愿望

　　20 世纪, 人类在电子信息技术方面取得了辉煌成就, 它对经济和社会的影响极为广泛, 且持续时间非常长。如今, 信息技术仍旧发展迅速, 我们揭开信息经济时代的序幕, 都是因为它的飞速发展。那么, 将那些 "不可能" 变为 "可能" 的科学家们, 为此付出了艰苦卓绝的努力, 没有他们的坚信与坚持, 就没有今天这个迅速发展的时代……

第一节 贝尔
——我相信人们不见面也可以通话

亚历山大·格拉汉姆·贝尔（1847年3月3日～1922年8月2日）被世界誉为"电话之父"。他是一位美国著名的发明家，同时还是个企业家。他是世界上第一台可用的电话机专利权的获得者，之后创建了贝尔电话公司。由于他发明了电话，法国政府授予他沃尔塔奖金，他用这笔奖金和他通过出售另一项发明所得到的钱凑在一起在华盛顿建立起"沃尔塔办事处"，目的是为了给贫困的聋哑人医治耳聋提供资金。

发明之初是为了给予他人帮助

贝尔的家境很好，他的父亲是一位嗓音生理学家，同时还是一位能够矫正说话、教授聋人沟通的专家。贝尔的爷爷是个大慈善家，他一生都对聋哑的残障者表现出莫大的同情，他经常将一些身体有残缺或有残障的人聚集起来，给予他们必要的教育。所以那些聋哑人都视贝尔的爷爷为救世主，非常崇拜他。

在贝尔的爷爷过世后，贝尔的父亲继承了这份充满慈爱的事业，不仅专注于教育聋哑人，还用心研究如何发音、如何说话的方法，希望能为那些不幸的人提供帮助。贝尔就是在这样的环境中长大的，他耳濡目染爷爷和父亲的慈善之举，一直期望将来在这方面能有所建树。

有一天，父亲把贝尔叫到身边，温和地对贝尔说："孩子，世界上最痛苦的莫过于盲人、聋哑人。他们和我们一样是人，可是眼睛不能看，耳朵不能听，嘴巴不能说话。漂亮的衣服，美丽的风景，盲人看不到；美妙的音乐、有趣的笑话，聋哑人听不见；我们可以谈笑自若，想到什么就说什么，但是，他们却被剥夺了这种权利。想起来，我们真是太幸福了。因此除了要感谢上帝以外，同时更要尽一己之力，去安慰他们，帮助他们，使他们也能过上正常的生活。孩子，等你长大以后，一定要救救这些不幸的人！"贝尔听后心里难过极了，他何尝不想这么做呢？所以他希望能够快点做出成绩。

因为贝尔经常听到这样的教诲，他也十分愿意以终生为聋哑者的幸福努力为最大的志向。贝尔同样有一颗非常善良的心，他头脑灵活，从幼年时期他就表现出了高度的爱心和敏锐的发现能力。

贝尔还记得，在他家附近有座水磨坊，水磨坊里住着一对父子，一般情况下，那些较为粗重的工作都是年轻人来做。但后来这位年轻人入伍当兵去了，家里只留下一位孤独的老人，老人继续以磨粉来维持生活。但是，当遇到水少的时候水车根本动不了，老人力气有限又没办法磨粉，他就只能饿肚子了。贝尔知道了这位老人的难处后，很同情他，就时常约上一些小伙伴前去帮忙。

在缺水的时候，贝尔真切体会到磨粉的工作实在太累了，必须要大家一起用力推才能将石磨推动。最开始几次，小伙伴们觉得挺好玩就十分用力帮忙，但是到后来，大家纷纷厌倦了，就逐个离去，最后只剩下贝尔一个人，他一个人自然也就推不动了。

一天，贝尔郁闷地回到家里，他坐在父亲的书房里冥思苦想起来，如何才能用有限的力量推动石磨让其转动呢？此后贝尔一有时间就想这个问题，经过一个月的研究，他终于想出了一个好办法！

为了减少摩擦力他改良了臼齿，再利用麦粒的圆形，使双方互相挨着，在这种情况下臼齿就会比之前灵活多了。这样一来，他很好地为磨坊主人解决了这个大难题，没过多久全村的人也都争相仿制，改良臼齿，大家一致认为改良过的石磨便利多了。

要知道，那时候的贝尔不过 15 岁，但他凭借这个创新改造成了全村人眼中的"发明小神童"。

无畏付出，最终成就发明梦想

贝尔的聋人教学法确实获得了辉煌的成果，没过多久贝尔就被波士顿大学聘为教授，当时年仅 26 岁。

没过多久，贝尔结识了一个叫加德纳·格林·哈伯德的律师，他同时也是个富有的商人。哈伯德在以后几年中成为贝尔有力的后盾。

事情的经过是这样的……

1870 年，贝尔因为健康问题从英国移居加拿大，在加拿大不久他就因为成功教会耳聋的人说话，从而引起身居波士顿的一位富商的注意。这位商人一直在寻找一位像贝尔这样的人，因为他有个耳聋的女儿叫梅布尔。然而让贝尔没想到的是，梅布尔最终成为他生命中最为重要的人。

当时，这位富商非常希望能够请贝尔先生教女儿梅布尔说话，在富商的请求下，贝尔最终同意了。就在贝尔教梅布尔说话的过程中，他们相爱了，1877 年他正式娶梅布尔为妻，也因此成为美国公民。对于贝尔来说，也正是在梅布尔的鼓舞下，他开始了那些让人精疲力竭的实验；也正是因为有梅布尔的支持，贝尔逐渐克服了经常萌生的沮丧情绪。

这项事业经常会出现各种问题给贝尔造成困扰，贝尔经常精神紧张地进行工作，最终研制出当时很了不起的一种工具。这个工具可以把人说的话转变为电脉冲，而后在金属丝的末端使之还原成人说的话。

虽然贝尔一直认为"不见面的通话"最终会得以实现，但对此的发明契机却是一次偶然。有一次，贝尔在做聋哑人用的"可视语言"实验时，发现在电流流通和截止时，螺旋线圈能够发出噪声，就像电报机发出的"嘀嗒"声一样。思维敏捷的贝尔马上想道："难道电可以发出声音？如果能使电流的强度变化，模拟出人在讲话时的声波变化，那么，电流将不仅可以像电报机那样输送信号，还能输送人发出的声音，这也就是说，人类可以用电传送声音。"

此时的贝尔越想越激动，他坚信这一定是一个很有价值的想法。之后开始进行具体的研究。虽然研究的过程异常艰难，但他最终于 1876 年发明成功了第一部电话！

第二节　贝尔德——一直致力于用机械扫描法传输电视图像

英国科学家约翰·洛吉·贝尔德（1888 年～1946 年），一直致力于用机械扫描法传输电视图像方面的研究。1925 年 10 月 2 日，他终于制造出第一台能传输图像的机械式电视机，这就是电视的雏形。虽然当时研究技术不纯熟，画面上的木偶面部非常模糊，同时噪音也非常大，但是，可以在一个看似很普通的黑盒子中看到栩栩如生的图像，还是很令人吃惊的。所以电视刚出现时被人们称为"神奇魔盒"。

贫穷却有实践力的梦想家

约翰·洛吉·贝尔德从小身体不好，体弱多病，甚至好几次都命悬一线，差点被病魔夺去生命。但是，纵使贝尔德身体如此脆弱，他依旧凭借坚强的毅力，克服重重困难，一路前行，直到为人类做出巨大贡献。现在家家户户都有的电视机就是他还有一位叫维拉蒂米尔·斯福罗金各自独立发明的。

大学毕业后，贝尔德进入一家电器公司工作。在工作中他一丝不苟，勤勤恳恳，最开始他就在很短的时间内修好了几台濒临淘汰的机器，因此受到公司领导的器重。

1906 年贝尔德 18 岁，他从故乡苏格兰移居到英格兰西南部的黑斯廷斯，并在那里筹建了一个不大的实验室，正式着手研究、发明电视机。当时，贝尔德根本没有用于实验的经费，他只能从废物堆以及旧货摊里寻找各种代用品，然后拼凑出一套用细绳、火漆、胶水以及密密麻麻的电线黏和串联起来的用于实验的装置。

贝尔德进行实验的条件艰苦，但从不轻言放弃，他用这套简陋的装置夜以继日地反复实验，有时候装好了再拆掉，然后又装，哪方面不满意再拆，然后又装……就这样不断加以改进。他经历了一次又一次的失败，同时，他的年纪也在不断增长，从一个满脸稚气的小伙子变成了满脸胡子的中年人。

在专注于实验的过程中，贝尔德根本顾不上吃饭，再加上他没什么经费可用，所以长时间处于饥饿与劳累的状态中，这让他的健康状况变得糟糕极了。甚至在持续相当长一段时间里，他都是贫病交加的。他不名一文，一度不知该如何维持这艰难的日子，但是有一点他很明确——就是要进行电视实验。

抓住灵感，收获成功

1923 年的一天，贝尔德的一个朋友传达给他这样一个讯息："既然马可尼能远距离发射和接收无线电波，那么发射图像也应该是可能的。"这让他深受启发，决心要完成"用电传送图像"的任务。

起初，贝尔德使用图片和硒板的老方式，但得到的效果不过是静止的图像。怎样才能得到动态的图像呢？贝尔德为此费尽心思。为了将这个实验做成功，贝尔德花光了自己工作时攒下的所有积蓄，之后不得不开始和朋友借钱。但借钱终归不是办法，到最后他决定利用身边可获得的一切材料，如将盥洗盆作为框架，把它和一只破茶叶箱连接起来，在箱子上再安装了一个电动机，这个电动机就是从废物堆里捡来的。

电动机能推动用马粪纸做成的四周戳有小洞洞的"扫描圆盆"进行转动。此外，他在旧饼干箱里装上几块透镜、投影灯以及从报废的军用电视机上拆下来的一些部件等。安装好后，贝尔德再用细绳、胶水以及电线将这些凌乱的东西串联在一起，这就是他发明的实验装置的物品构成。

贝尔德知道想要成功地将有图像的装置做成，一定要将需要发送的图片或物体分成很多或暗或明的小点儿，然后用电信号的形式将它们发送出去，在接收的一端再让它重现出来。

贝尔德身体一直不好，疾病时常折磨着他，他所在的那间小小的屋子既是他的卧室也是他的工作室。他每天都凭借顽强的毅力在工作，甚至常常不分昼夜地"战斗"，如果困了就和衣睡一会儿，饿了就吃点面包，他没有钱买像样的食物。功夫不负有心人，1924年春天，他终于成功地发射了一朵"十"字花。

那图像虽然仅仅是一个忽隐忽现的大致轮廓，发射距离也不过3米而已，但他却因此成了伦敦报界的新闻人物。这并不是因为他的实验获得了成功，而是由于这次试验几乎使他送命，他出意外了！

原来，贝尔德为了获得2000伏的电压，将好几百只手电筒进行连接，一个不留神，他触及到了一根连接线，立即把电流引到他手上。他瞬间被击倒在地，一只手烧伤，身体蜷成一团，不省人事。这个事件发生的第二天早晨，《每日快报》用大字标题报道了这位发明家触电倒地的事情。

1925年的一天，伦敦最大一家百货商店的老板找到贝尔德，向他提出一个诱人的条件：每周会给贝尔德25英镑的薪酬，同时免费向他提供一切必要实验材料。作为回报要求贝尔德在该百货商店电器部把他的新发明进行公开表演。

贝尔德明白这套新发明的设备此时就向公众进行公开表演，实在为时过早，但考虑到研究经费亟待解决，他还是同意了。

百货商店腾出电器部的一个区域，专门让贝尔德使用，商店还特此贴出告示招徕顾客。自从贝尔德履行合约开始，百货商店每天都会来很多顾客，络绎不绝。因为有一大批的人都希望亲自看到贝尔德发明的东西。但那个时候，人们看到的只是发射机和接收机，没有人能真正明白它存在的意义。观众只顾得去看那个并不清楚的影子以及闪烁不定的轮廓，所以，在观看之后并没有产生多大反响，不过是耸耸肩膀或是轻轻一笑。

对贝尔德这个大发明家来说，这种表演的把戏真是让他厌烦透了，他开始向百货商店提出终止合同的要求。与商店解约后，他将实验设备装车又搬回家里，再一次过上了"有一顿没一顿"艰苦生活。只要一有钱他就用来添置设备，不管是衣服破了还是鞋子坏了，他都不去修补，同时他的身体变得更加糟糕。

后来到了没有钱付房租的地步，房东恶狠狠地要叫人把他赶出去。

不得已的情况下，他拖着疲惫的身子走遍了伦敦的大街小巷，希望找到经济资助人。但他尽了最大努力也没有找到。此时发明电视机之路几乎快要终结了……他最后的寄希望于向苏格兰老家要钱，要知道，苏格兰人十分节俭，很难让他们将钱投入到一项看不到结果的研究里。

让贝尔德想不到的事发生了！没多久苏格兰那边的两个堂兄弟就寄来了 500 英镑给他作为入股资金。这真是绝处逢生。

经过上百次的反复尝试，贝尔德充分利用收集到的诸如霓虹灯管、扫描盘、电热棒、旧收音器材以及能够间断发电的磁波灯和光电管等，终于在 1925 年 10 月 2 日的清晨，完成了电视机的设计工作，他能够在另一个房间的影像接收机中看到自己的玩偶"比尔"的脸。贝尔德终于用电信号将人的形象搬上了屏幕。1928 年，贝尔德研制出彩色立体电视机并成功将图像传到了大西洋边，这是卫星电视的雏形。1946 年贝尔德去世，虽然他不是电视这种机器的命名者，但没有人可以否认他是电视的发明者。

第三节　汉斯·奥斯特
——热情洋溢地重视科研实验的教师

汉斯·奥斯特（1777 年 8 月 14 日～ 1851 年 3 月 9 日），丹麦物理学家、化学家。汉斯·奥斯特生于丹麦，他的家在朗格兰岛上的一个比较普通的小镇上。1799 年，汉斯得到博士学位，论文题目是《大自然形而上学的知识架构》。1806 年，汉斯开始担任哥本哈根大学的教授。汉斯不仅是个卓有贡献的科学家，同时充满了爱国主义情怀。当时，为了提升丹麦的科技水平，他在 1851 年创建了丹麦技术大学，任校长职务，一直到他去世。后来被埋葬在哥本哈根。

细致地进行知识的学习

汉斯的父亲索伦·奥斯特是一位专业药剂师，在小镇上开了一个药局。因为小镇里没有开设正式的学校，所以汉斯与弟弟安德斯·奥斯特并没有接受过正规教育，他们只是跟着镇上教育水平较高的那些长辈进行学习，学习内容却很丰富。

奥斯特兄弟经常帮助父亲在他的药局里工作，所以耳濡目染也学会了一些基础化学知识。即便没有接受正规教育，他们兄弟俩仍旧可以以优异的成绩完成哥本哈根大学的入学考试。弟弟安德斯将来想要从事律师行业，而汉斯·奥斯特则对哲学和文学拥有浓厚兴趣。

汉斯在毕业后成为大学讲师，汉斯因为很有教书方面的天分，所以他讲的课很受大家好评。同时，他还在一位医学院教授开设的药局担任配药师一职。1801年，汉斯因为学业有成而得到一笔可以游学三年的奖学金，也就是说，他得到一次可以免费出国游学的机会。

　　后来，汉斯在德国遇到了一位优秀的物理学家，名为约翰·芮特。后来两人成为非常要好的朋友。芮特深信："在电场与磁场之间，隐藏着一种物理关系。"汉斯听到这个结论后认为这是件蛮有意思的事。于是，他开始朝这方面发展。

　　1806年，汉斯开始担任哥本哈根大学的教授。他的研究领域分为电学和声学，且颇有建树。在汉斯的努力指导与大力推行下，哥本哈根大学逐渐形成一套相对完整的物理和化学学科的课程，同时建立了一系列最新实验室。

　　1814年，汉斯在哥本哈根与妻子英格尔贝尔鲁姆共缔良缘，后来二人一共孕育了三男四女。1820年，汉斯在一次实验中意外地发现载流导线的电流会作用于磁针，使磁针改变方向，这是人类针对此现象的首次发现，而后他为此而被世人认知，还得到非常多的奖章与荣誉。

　　事实上，奥斯特整个家族在丹麦的法律界和政治界都是成就非凡的，一家人都很有威望。汉斯的妹妹芭芭拉的丈夫后来有幸成为挪威最高法院的首席大法官，任职年限为1814年～1827年。汉斯的弟弟安德斯后来成了丹麦总理，任职时间为1853年～1854年。

　　汉斯最早在读大学时就深深受到康德哲学的影响，他认为——各种自然力都来自同一根源，可以相互转化。同时坚信电和磁之间一定有某种关系，电一定能够转化为磁。但是，需要解决的问题是如何找到能够实现这种转化的必要条件。

汉斯细致地查阅了库仑的论断，库仑认为真空中两个静止的点电荷之间的相互作用力同它们的电荷量的乘积成正比，它与它们的距离的二次方成反比，作用的方向在它们的连线上，同种电荷相斥，异种电荷相吸。看出库仑研究的对象几乎都是关于静电和静磁方面的，确实不可能转化。于是他开始猜测非静电、非静磁也许就是能够转化的条件，然后开始把注意力转向电流和磁体有没有相互作用，继而继续进行深入的探索。

用平和的心态反复试验

1819 年上半年到 1820 年下半年这段时间里，汉斯一边担任电、磁学讲座的主讲者，同时继续进行电、磁关系的研究，十分勤奋。1820 年 4 月的一天，他正在讲演，就在演讲快要结束的时候，他突然想到自己平时一直琢磨的实验，就以一个很平和的心态，抱着试试看的态度又做了一次实验……

当时的实验过程是，他把一条特别细的铂导线放在一根用玻璃罩罩着的小磁针上方，就在他接通电源的那一瞬间，突然发现磁针跳动了一下。汉斯简直不敢相信这一跳是真的！他喜出望外，还因为太激动在讲台上摔了一跤。可是，由于偏转角度非常小，再加上不很规则，所以这一跳只有汉斯注意到了，并没有引起听众们的注意。

这次实验以后，汉斯回到实验室开始重复实验，他花了三个月时间，做了多次实验，他发现，磁针在电流周围都会偏转。在导线的上方和导线的下方，磁针偏转方向相反。在导体和磁针之间放置非磁性物质，比如玻璃、水、松香以及木头等，它们都不会阻碍磁针的偏转。

汉斯的论文《论磁针的电流撞击实验》是在 1820 年 7 月 21 日完成的，这篇论文仅仅用了 4 页纸，是非常简洁的一篇实验报告。汉斯在这篇报告中将他的实验装置以及 60 多个实验结果进行了清晰的阐述。

从实验总结出："电流的作用仅存在于载流导线的周围；沿着螺纹方向垂直于导线；电流对磁针的作用可以穿过各种不同的介质；作用的强弱决定于介质，也决定于导线到磁针的距离和电流的强弱；铜和其他一些材料做的针不受电流作用；通电的环形导体相当于一个磁针，具有两个磁极等。这篇论文预示着汉斯正式向学术界宣告发现了"电流磁效应"。

汉斯发现的"电流磁效应"在科学界引起巨大轰动，更是科学史上的一次重大发现，电流磁效应立即引起了那些懂得它的重要性和价值的人们的注意。也正是这基于这一重大发现，才会出现一系列的新发现。这篇论文发表两个月后，安培发现了电流间的相互作用；阿拉果制成了第一个电磁铁；施魏格发明了电流计等。

汉斯的发现揭开了物理学史上的一个新纪元。当时安培曾经针对汉斯·奥斯特写过这样一句话："奥斯特先生……已经永远把他的名字和一个新纪元联系在一起了。"

第四节　科罗廖夫
——督造第一颗人造卫星史泼尼克号

科罗廖夫，原名谢尔盖·帕夫洛维奇·科罗廖夫，他是苏联人，是位飞行器工程师。1933 年，科罗廖夫担任新成立的喷气科学研究所的副所长，在他的带领下，研究组在很短的时间内就取得火箭研究和试验的诸多成果。1936 年，科罗廖夫成功设计出苏联的第一代火箭飞机，之后相关著作《火箭发动机》和《火箭飞行》纷纷发表。科罗廖夫的成就不仅限于飞行器工程方面，在他众多的优点里，其实最被人称道是他能集成各样科技设计、组织化及战略应用。

苦苦等待能够效力的时机

科罗廖夫在 18 岁时考进基辅工学院空气动力学专业，在两年的学习后，转学到莫斯科鲍曼高等工艺学院继续学习。顺利毕业后，科罗廖夫正式加入了非常著名的飞机设计师图波列夫飞机设计局，从此开始了作为飞机设计师和新飞机试飞员的辛苦历程。

科罗廖夫是一个理想远大的人，他在工作中并不满足于在大气层中飞行，而是希望能够到宇宙空间进行翱翔和探索。20 世纪 30 年代初，他认识了非常著名的火箭理论家齐奥尔科夫斯基，从此开始了他研究大型火箭之路，同时还在 1932 年成为这个小组的主要负责人。

1937 年斯大林一手策划了震惊世界的"大清洗"运动，作为著名火箭研究者的科罗廖夫因为莫须有的罪名，被阴谋算计并遭到指控，最后无辜被判 10 年的徒刑。之后他被押解到西伯利亚做苦役。那时候的科罗廖夫风华正茂，处在而立之年，是位年轻有为的设计师，但就此沦为了牺牲品而来到荒无人烟的小岛，每天做挖金矿的苦工。

过了几年，科罗廖夫向有关部门多次申请而获得减刑，之后结束了挖金矿的苦役，被调到一家监狱工厂，以戴罪之身开始从事军用火箭研究。

科罗廖夫十分敬业，不管他是不是戴罪之身，只要是有关火箭的研究工作，他都尽职尽责，鞠躬尽瘁。他在工厂进行的一次试验中，因为遭遇液体火箭发动机爆炸，被炸得头破血流，但他对自己的伤势无暇顾及，毅然在爆炸现场进行勘测，从而找到了爆炸的真正原因。

1944 年，科罗廖夫被提前释放。

科罗廖夫在第二次世界大战结束后，基于德国专家的智慧，更重要的是和同事们一起利用 V-2 火箭的大量资料，在短短一年时间里，经过不懈努力，成功研制、发射苏联第一枚弹道式导弹。1947 年～1953 年，科罗廖夫在担任导弹总设计师后取得了许多重要成果，其中包括仿制和自行设计的近程、中程、远程和战术导弹，而中程导弹试验刚刚取得成功后就立即开始装备部队。

从 1953 年开始，科罗廖夫开始领导研制 P-7 洲际弹道导弹；1956 年，在他的领导下将 R-7 号导弹改装成准备发射人造地球卫星的运载火箭；1957 年 8 月 3 日，洲际导弹试飞成功。

辛勤劳作，不断进取

影响科罗廖夫一生的齐奥尔科夫斯基是个不能不提的人物。在一次会面中，齐奥尔科夫斯基提出了"火箭列车"的设想，内容为："一列火车可以有十节车厢，也可以有十五节车厢，一切看载客量大小而定。这火箭，是不是也来个'列车'呢？"

科罗廖夫听后感到豁然开朗，他开始不断完善"火箭列车"的设想。之后不久，发射卫星时使用的运载火箭由 R-7 洲际导弹进行改装，然后将名字定为"卫星号"运载火箭。卫星号运载火箭的构成，是由中央芯级和四个助推级火箭相互捆绑而成，它有 12 台游动发动机、20 台主发动机。

卫星号运载火箭最大宽度 10.3 米，全长 29.167 米，起飞重量

267 吨，起飞推力达 398 吨，是当时全球最大的运载火箭。

卫星号运载火箭于 1957 年 10 月 4 日上午发射成功，从此人类进入宇宙航行时代。

还不到一个月时间，苏联又发射了一颗载有名叫"莱依卡"的小狗乘坐的"卫星"2 号。

其目的是为了给载人航天预做作试验。苏联航天事业在科罗廖夫艰苦卓绝，甚至几近狂热的状态下，逐渐达到围绕一个目标加速运转的目的，苏联航空将进入真正的太空时代。

为了准备第一次载人太空飞行，1960 年 3 月，苏联宇航局开始招募宇航员。当然，在这期间，苏联航空局也训练了 20 多名宇航员，但结果并不理想，因为大多数受训宇航员都因各种原因而被淘汰，最后只剩下 6 人，这 6 人当中就有一位后来世界闻名的宇航员——尤里·加加林。

加加林品格高尚，拥有崇高的爱国情怀，他头脑清醒，做事果断，能够随机应变，且技术相对要全面一些，他还驾驶过雅克 -18、米格 -17、伊尔 -14、米格 -15、米格 -21 等机型的飞机，此外，他的各种测验和考试成绩几乎都是优秀，所以得以选中。

1961 年初，即使当时"东方号"飞船的总设计师已经向科罗廖夫做出严正的警告，表示运载火箭和宇航飞船的安全指数，在当时来说不过是只能达到 50% 而已，但是，科罗廖夫依旧最终决定要铤而走险，他想一定要领先美国人数周，率先进行第 7 次"东方号"载人飞船发射。

就这样，1961 年 4 月 12 日上午"东方号"飞船由火箭送上太空，它重约 4.73 吨。那时候，官方非常着急地要向世界表明"苏联又将美国甩在了后面"。没多久，塔斯社奉命向全世界发布消息，内容为："尤里·加加林少校驾驶的飞船在离地球 169 千米和 314 千米之间的高度上绕地球运行。飞船的轨道与赤道的夹角是 64.95 度。飞船飞经世界上大多数有人居住的地区上空。"

事实上,飞船回来的途中可谓是险象环生,最开始是飞船气密传感器突发故障,紧接着通信线路一而再,再而三地中断……在第三级火箭进行脱离运动后,飞船开始快速旋转,而后在飞船在接近大气层时甚至出现了几度凌乱的翻滚,当时在地面上进行严密跟踪监测的科罗廖夫真是血喷心悬……

科罗廖夫自从开始为国家航天事业效力就一直披肝沥胆,辛勤劳作,不断进取,他的精神长期处在亢奋状态。再加上在工作中还要同时应付复杂的人事纠葛,导致科罗廖夫的心脏病日趋严重。1966 年 1 月,科罗廖夫因心脏病突发而永远离开了人世。但他留下的不朽功绩,至今被人们传唱。

第五节　冯·诺依曼
——患癌症后依旧不停工作

约翰·冯·诺依曼(1903 年~1957 年),美籍匈牙利人,数学家、计算机学家、物理学家、经济学家、发明家,被誉为"现代电子计算机之父"。冯·诺伊曼生于匈牙利布达佩斯的一个犹太人家庭,是著名的匈牙利裔美籍数学家。早在 40 年代他就预见到计算机建模和仿真技术对当代计算机将产生深远的影响。他制定的计算机工作原理直到现在还被各种电脑使用着。冯·诺依曼拥有智慧的头脑,再加上他后天得到了良好的教育，所以成长很快，在他结束学生时代的年龄时，就已经走在了数学、物理、化学三个领域的前沿。

充分利用聪明才智

1903 年 12 月 28 日这一天，布达佩斯诞生了一个不一般的婴孩，这个孩子的到来不仅给这个家庭带来了前所未有的喜悦幸福之感，也给日后整个计算机界带来了福音。正是这个孩子日后的不懈努力，才开启了现代计算机理论，时至今日这个体系结构还在沿用。他，就是冯·诺依曼。

诺依曼的父亲是个风度翩翩、年轻有为的人，叫麦克斯。麦克斯头脑灵活，很机智，非常善于经营，所以年轻时就已跻身于布达佩斯的银行家行列。诺依曼的母亲也受过良好教育，是一位贤惠温顺、非常善良的妇女。

在父母的教育下，冯·诺伊曼生活幸福，心智健康，最重要的是他从小就显示出数学方面的特长，并且留下的关于他的数学方面的传说也并不少。大家都说冯·诺伊曼从小就智商超群，他在获取知识和解题方面有着惊人的速度。6 岁时他就懂得心算，且是做八位数乘除法的心算。8 岁时就能掌握微积分，到了 12 岁更厉害了，他能读懂波莱尔的大作——《函数论》。

微积分在 17 世纪由牛顿和莱布尼茨几乎同时创立，是人类探索无限方面取得的一项激动人心的伟大成果。微积分的实质是对无穷小量进行数学分析。人类早就开始对它进行探索有限、无限以及它们之间的关系。

大约 300 年来，微积分一直是高等学府的教学内容。

随着时代的发展，人们对微积分有了越来越深入的了解，之后不断地改变它的形式，使得微积分的概念愈加精确，基础理论变得更扎实了，甚至有不少简明恰当的陈述。但是，无论怎么说，一个仅仅8岁的孩子能懂得微积分几乎是不可能的事情，然而，冯·诺依曼做到了。当然上述一些传闻也不能完全保证是事实，但毋庸置疑的是冯·诺伊曼确实是个才智过人的人。

1914年7月28日，奥匈帝国借故向塞尔维亚宣战，第一次世界大战拉开序幕。这时候冯·诺伊曼进入大学预科班学习。因为战争动乱，征战不休，冯·诺依曼全家不得不离开匈牙利，日后再重返布达佩斯。冯·诺伊曼的学业也必然受到影响。即使这样，在毕业考试结果出来时，人们都很惊讶他仍成绩优异，名列前茅。

1921年，冯·诺依曼已经被大家当作数学家了，那时候他刚刚通过"成熟"考试。他的第一篇论文在他还不到18岁时就面世了，是他和菲克特合写的。

最初他的父亲麦克斯因为考虑到经济方面的原因，并不同意他学习数学，甚至找人一同劝阻刚刚17岁的冯·诺依曼。后来，冯·诺伊曼和父亲两人达成协议，不去主攻数学，而是去攻读化学。

之后的四年时间里，冯·诺依曼虽然在布达佩斯大学正式注册，方向是数学，但他并不去学校听课，不过是到了考试时间去按时参加考试而已。与此同时，冯·诺依曼正式进入柏林大学，那年是1921年，后来在1923年又进入瑞士苏黎世联邦工业大学学习化学。

1926年，冯·诺伊曼在苏黎世获得化学方面的大学毕业学位，又因为在布达佩斯大学每学期期末的考试都通过了，所以他同时获得了布达佩斯大学数学博士学位。

冯·诺依曼的这种只参加考试而不参加听课的求学方式，就整个欧洲来说，也是完全不合规则的，是极为特殊的。

但是，对冯·诺依曼来说，这是再适合不过的学习方法。冯·诺依曼在柏林大学学习期间学到了很多宝贵的知识，他曾有幸受到化学家哈勃的悉心栽培。要知道，哈勃可是德国著名的化学家，后来因为合成氨还获得过诺贝尔奖。

在苏黎世逗留的那段时间里，冯·诺依曼一有空余时间就研读数学知识，此外，他还经常写写文章，或是和数学家进行通信交流等。在此期间对冯·诺依曼产生重大影响的还有一个人，就是数学家希尔伯特，因为他受到了希尔伯特和他的学生施密特和外尔的思想影响，之后开始研究数理逻辑。

当时外尔和波伊亚也在苏黎世，他们有过重要的交往。有一次外尔离开苏黎世一段时间，还是冯·诺依曼帮他代的课。

1926 年春，冯·诺依曼到哥廷根大学任希尔伯特的助手。1927～1929 年，冯·诺依曼在柏林大学任兼职讲师，期间他发表了集合论、代数和量子理论方面的文章。1927 年冯·诺依曼到波兰里沃夫出席数学家会议，那时他在数学基础和集合论方面的工作已经很有名气。

冯·诺依曼 1929 年转任汉堡大学兼职讲师，1930 年他第一次去美国，在普林斯顿大学授课讲学。美国是个开放的国家，善于汇集人才，没多久冯·诺依曼就被聘为客座教授。

冯·诺依曼曾经推算过，德国大学里现有的和可以期待的职位空缺很少，在三年内可以得到的教授任命数是三，但是参加竞争的讲师多达 40 名。在普林斯顿时期，他每年夏季都会回欧洲，这种情况直到1933 年他担任普林斯顿高级研究院教授才停止。

当时，高级研究院聘有 6 名教授，其中一名是著名的科学家爱因斯坦，而冯·诺依曼也是其中一名，那时他不过 30 岁，是教授当中最年轻的一位。

在高等研究院最初创建的那段时间里，凡是来自欧洲的来访者都会体会到那里充满着一种宽松的、放松的、不拘礼节却带有浓厚研究风气的氛围。教授们的办公室设置在大学的"优美大厦"里，他们生活很安定、舒适，所以他们的思想被激发得更加活跃，那些具有"高质量"的研究成果总会出现。可以这样说，那里集中了有史以来最多的有数学和物理头脑的人才。

不到最后一刻就不会停歇

冯·诺依曼 1930 年结婚，妻子是玛丽达·柯维斯。1935 年，他们的女儿玛丽娜出生在普林斯顿。冯·诺依曼非常好客，家里总是频繁地举办一些社交聚会，且每次持续时间都很长。

由于各种原因，冯·诺依曼于 1937 年与妻子离婚，第二年与一位叫克拉拉·丹的女士结婚，婚后他们一起回普林斯顿。克拉拉·丹跟随冯·诺依曼学数学，后来成为一位优秀的程序编制家。

再婚的冯·诺依曼仍旧爱好社交活动，并继续把自己的家当成是科学家聚会的场所，他殷勤好客，在他家里，每个人都能感到一种和谐的气氛。

第二次世界大战欧洲战事爆发后，冯·诺依曼的社交面更广了，并不局限于科学界。他参与了同反法西斯战争有关的多项科学研究计划，并在 1943 年起开始担任制造原子弹的顾问，战争结束后，依旧在政府诸多部门和委员会中任职。

1954 年，他又成为美国原子能委员会成员。原子能委员会主席斯特劳斯是冯·诺依曼的多年老友，他曾对冯·诺依曼做过这样的评价："从他被任命到 1955 年深秋，冯·诺依曼干得很漂亮。他有一种使人望尘莫及的能力，即使最困难的问题到他手里，都会被分解成一件件看起来十分简单的事情，用这种办法，他大大地促进了原子能委员会的工作。"

冯·诺依曼的健康状况一直都很不错，也很少得病，但是因为工作繁忙的缘故，1954 年他逐渐感到体力不支，经常感觉到疲劳。1955 年夏天，他被检查出患上了癌症。即便如此，他仍然不停工作，导致病情快速恶化。

到了生命后期，他在轮椅上还继续思考、演说，甚至继续参加各种会议。直到疾病将他彻底摧毁，他才不得不终止了一切活动。冯·诺依曼 1956 年 4 月入住华盛顿的沃尔特·里德医院，第二年 2 月 8 日逝世，享年 53 岁。

第 6 章

筑梦人生：不断提升人们的生活水平

　　时代在不断发展，人们在不断进步。人类在生存过程中，因为不断创新新方法、开创新思维以及设计新装置而让生活变得愈加便利，从而提高生活水平。那么，在人类发明史上做出伟大贡献或在发明界有一定影响力的人物，就成为推动这一进步强有力的推手。他们为了更加理想的生活而在不断筑梦……

第一节　麦克斯韦
——一生都在努力做突破

詹姆斯·克拉克·麦克斯韦，伟大的英国物理学家、数学家，被科学界称为"电动力学的创始人"，统计物理学的奠基人。1831 年 6 月 31 日生于苏格兰爱丁堡，1879 年 11 月 5 日卒于剑桥。如果说，牛顿实现了天地运动规律的统一和综合，那么麦克斯韦则实现了电、光的统一和综合，因此地位堪比牛顿。1873 年麦克斯韦出版了经典著作《论电和磁》，是继牛顿《自然哲学的数学原理》之后的又一部物理巨作。没有电磁学就不会有现代电工学，现代文明也不会发展得这么快，所以麦克斯韦被认为是科学史上功不可没的一位最有影响力的物理学家。

用心学习能够事半功倍

麦克斯韦的父亲老约翰在当地是一位颇有名气的机械设计师，他对麦克斯韦产生了很大的影响。虽然父亲还是名长老会教友，但思想开阔，眼光独到，实事求是，聪明能干，家里的大事小事都能处理得很周到。无论修葺房屋，打扫院落，修剪草坪，还是下厨做饭，给孩子们制作玩具，甚至像个裁缝一样裁剪衣服，他样样都能做得来。

1847 年，麦克斯韦已经 16 岁了，中学一毕业，就直接进入了爱丁堡大学学习。爱丁堡在当地是最有名望的大学，而麦克斯韦是班里最小的学生。即便如此，他的考试成绩总是名列前茅。他在学校里主要进行物理的学习，并显出非凡的天赋。他读书很刻苦，但不是死读书，课余时间，他就写写书，看看课外书，积累了丰富的知识。

爱丁堡大学的学习经历为麦克斯韦将来攀登科学高峰奠定了必要的基础。这其中有两个人对他影响最大，一个是物理学家福布斯，一个是逻辑学教授哈密顿。福布斯研究物理，喜欢做实验，从而也培养了麦克斯韦对实验物理的浓厚兴趣，一个学习理论物理的人很难对实验感兴趣。福布斯强调麦克斯韦把实验过程像写日记一样记录下来，并把自己对科学史的兴趣也传给了麦克斯韦。

哈密顿教授则用多方面的知识影响着他，并用自己特有的出色能力刺激着麦克斯韦去研究基础问题。在这些大人物的影响下，加上麦克斯韦个人的天赋和努力，他一天天进步，只用了三年的时间，就完成了四年的学业。在这种形势下，爱丁堡大学已经不能满足麦克斯韦追求知识的欲望。为了进一步深造，1850年，麦克斯韦征得了父亲的同意，离开了爱丁堡，进入了赫赫有名的剑桥大学。

麦克斯韦的主要人生轨迹可以这样概括：1847年进入爱丁堡大学学习物理和数学。1850离开爱丁堡进入剑桥大学三一学院深造数学。1854年以第二名的成绩取得了史密斯奖学金，后留校任教两年。1856年在苏格兰阿伯丁的马里沙耳大学任职任自然学教授。1860年又去了伦敦国王学院任职自然学教授。1861年被选举成为伦敦皇家学会会员。1865年他辞去职务，回到家乡安心研究电磁学，最后终于完成了电磁学经典著作《论电和磁》，并于1873年出版。

用实际行动弥补口才差的缺点

1849 年，麦克斯韦在爱丁堡的福布斯实验室做了大量的色混合实验。那个时候，爱丁堡有很多研究色彩学的学者，除了福布斯、布儒斯特、威尔逊等大科学家外，还有一些眼科医生和兴趣爱好者。

实验很简单，就是观察一个快速旋转的着色圆盘上的几个扇形所形成的颜色。麦克斯韦在老师福布斯的指导下首先实验的是使红、黄、蓝组合产生灰色。但最后实验失败了，失败的原因是：蓝与黄颜色混合并不一定产生绿色，当两者的颜色都不占优势时可能会产生一种淡红色，这样一来，就不可能产生灰色。

从剑桥大学毕业以后，麦克斯韦最开始想到母校爱丁堡大学去任职，因为他的老师福布斯已经退休，需要一个自然哲学教授补充这个空位，校方决定用考试的形式定夺人选。在笔试方面，麦克斯韦毫无疑问是第一的，但他输在了口才上，就是说他讲课能力太差。结果，他的成绩是最后一名，没有被学校录取。

他的落选也为社会所关注，爱丁堡的一家杂志社都发表文章为爱丁堡大学失去这样一个优秀人才而惋惜。不过成功录取的人也很优秀，这个人是麦克斯韦中学和大学的同学泰特。麦克斯韦无奈地离开了家乡爱丁堡，却意外地收到了伦敦国王学院的聘用书，他成了一名物理学教授，妻子也一同前往。麦克斯韦在伦敦开始了他的新生活，在伦敦国王学院，他完成了使他一生光耀的《电磁学理论》。

《电磁学理论》系统、科学、全面地阐述了电磁场理论，这一理论被视为经典物理学的重要部分之一。同时，在统计物理学和热力学方面麦克斯韦也做出了重要贡献，他也是气体动理论的创始人之一。1859年他首次用统计学原理推算出"麦克斯韦速度分布律"，从而实现了由微观两求统计平均值的最佳办法。1866年他推导出分子速度的分布函数的方法，这种新方法是以正反两个方向的碰撞为基础的。1867年他首先应用了"统计力学"这个术语。

麦克斯韦以数学工具分析物理问题，是当之无愧的大师。受老师福布斯影响，他非常重视实验，由他组织建立的卡文迪什实验室，在他的带领下，成为世界一流的学术交流中心之一。

第二节　爱迪生
——一个发明接着一个发明

托马斯·阿尔瓦·爱迪生，出生于1847年2月11日的美国中西部俄亥俄州一个叫米兰的小镇。世界著名的发明家、物理学家、企业家，拥有众多知名的发明专利2000多项，被传媒授予"门洛帕克的奇才"称号！他是人类历史上第一个利用大量生产原则和电气工程研究实验室来发明专利而对世界产生重大深远影响的人。

"问题学生"也有美好将来

爱迪生7岁时，父亲的生意亏本了，全家不得不搬到密歇根州休伦北郊的格拉蒂奥特堡住下来。刚搬来这里不久，爱迪生就染上了猩红热，病了很长时间，家人认为正是这种病才造成他耳聋的。爱迪生并不是从小就显示出过人的天赋，他 8 岁才上学，但只念了 3 个月的书，就被老师以"低能儿"为理由劝退回家。这个可怜的孩子只能在家由母亲充当自己的老师，教他读书识字，并教育他要爱自己的祖国，要诚实勇敢。

在母亲的耐心教育下，爱迪生对读书产生了极大的兴趣。从此，他爱上了读书，且能达到一目十行，过目成诵。8 岁时，他就读了英国大文豪莎士比亚、狄更斯的作品和其他许多名著。到 9 岁时，他已经能读懂略有难度的书，如帕克的《自然与实验哲学》。

书看多了，问题也就多了，爱迪生凡事总爱问个"为什么"，常常问一些稀奇古怪的问题让人摸不着头脑，不管是家人，还是路人，都是他问问题的对象，如果大人的回答令他不满意时他就会亲自去实验。

有一次爱迪生观察到家里的老母鸡总是成天在窝里卧着，妈妈就告诉他是母鸡在孵蛋。爱迪生想：母鸡会孵蛋我也可以。谁知道他真这样做了。爸爸妈妈发现爱迪生一天不见人影，当家人发现他在鸡窝里一本正经孵蛋的时候，都被逗得哈哈大笑。

爱迪生从小就好奇心很重，而且遇到不懂的事情，经常亲自去试验一下，直到弄明白其中的道理才肯罢休。他看到铁匠将铁在熊熊的烈火中烧红，然后锤打成各式各样的工具时，就晃着小脑袋提出一个又一个问题：火是什么东西？火为什么会燃烧？火为什么是红的？火为什么这么热？铁在火中被烧之后为什么会发红？铁红了为什么就软了？回到家，小爱迪生在自家的木棚里开始了他最初的实验。他抱来干草，并将其点燃，他想弄明白火究竟是什么。然而，小爱迪生的第一次实验就引来了一场火灾，将家中的木棚烧掉了。

爱迪生文化程度不高，但对人类的贡献却是巨大的。他除了有一颗求知的心，一种亲力亲为的本能，最重要的就是他具有超乎常人的的无穷精力。

有人做过统计：爱迪生一生中的发明多达 2000 多种，申请专利的有 1300 种左右。1881 年是他发明成果最多的一年，光是这一年，他申请登记的发明就有 141 种，几乎每三天就有一种新发明。他发明了电灯、留声机、电报机、电影机、压碎机、磁力析矿机等等许多东西，而且多数发明都给人类文明带来了巨大进步。爱迪生强烈的钻研精神，对改变人类的生活方式做出了重要的贡献。

成就一个又一个发明

长大以后，爱迪生对研究问题更加如痴如醉了，他一心一意扑在研究和发明的工作上。但有时他的聪明也用错了地方，丢掉了工作。

当时他在一家铁路局做晚班报务员，铁路局为避免工作人员偷懒睡觉，规定报务员九点以后必须每隔一小时发一次信号给服务中心。爱迪生便动手发明了一台自动定时讯号机，所以爱迪生成为铁路局里最准时，最敬业的报务员。但不巧的是，在一次查勤中，车务组长发现了正在呼呼睡觉的爱迪生和这台精妙的机器。组长不禁感叹他的天分，但是铁路局需要的是一个老实本分的员工，不是一个发明家，所以，爱迪生被炒了鱿鱼。1863 年，爱迪生又到另一家铁路干线——斯特拉福特枢纽站做电信报务员，从 1864 年至 1867 年，他又去了中西部等地担任报务员，始终没有一份稳定的工作。

21 岁以前，爱迪生可以说是过着流浪的生活，一直周游于一些电信、电报公司，直到他来到纽约，人生才有了一个转折。凭借对机械的精通和精湛的维修技术，他慢慢地闯出了名堂，成立了自己的小公司，专门研究和制造一些新发明、新机器。这些新机器总是紧随着时代步伐而产生，例如股票行情显示器、黄金行情显示器、金价印刷机等新型机器。

19 世纪初，那时家家照明使用的都是瓦斯灯，也就是煤气灯，但是需要靠煤气管道供给，一旦发生泄漏或堵塞很容易引发事故，人们对此苦恼不已。爱迪生就想：我为什么不能改变这种现状呢？他为自己制定了一个艰巨的任务——改良照明，还要创造出一种新的供电系统。

爱迪生和他的学生们没日没夜地做了 1600 多次试验，用了 600 多种耐热材料，终于制造出第一个碳丝灯泡，这种灯泡燃烧时间长达 45 个钟头。后来他不断改良制作方法，最后发明出可以燃烧 1200 小时的钨丝灯泡，就是我们现在用的灯泡。

爱迪生发明了电灯，这次的成功比以往任何时候给他带来的声誉都大。19 世纪 80 年代中期以前，他工作严谨，很少有失误，中期以后，尽管他声名显赫，但也经常出现失误。没有人是完美的，成名后，爱迪生也变得有些骄傲，最不值得称赞的行为之一就是他批评交流电，列举它的种种不是，说它有副作用，会给人类带来伤害。所以，像他这样一个大发明家以高姿态去攻击别人的发明创造，这是很矛盾的事。他强烈反对交流电而赞成直流电，最后在一场激烈的讨论中败北。这也给爱迪生以后的人生带来了污点。

在研究有声电影的同时，爱迪生还着手从事一项他不甚了解的事业。1891 年，他发明了一种"选矿机"，并以自己的名字命名，开始经营采矿事业。但结果并不理想，这项工程给爱迪生造成了很大损失。虽然采矿事业失败了，但这项事业却迎合了国家需要。后来发明这种机器的亨利·福特就表示，他的生产原理就是从爱迪生的选矿机中得到启示的。

爱迪生的一生是伟大的，英国皇家学会会长洛奇高度赞扬他是"世界上最伟大的人物"。美国总统胡佛则称"爱迪生是美国的国宝，是美国最负盛名的人，也是全人类的恩人"。

米勒在《爱迪生传》中写道："如没有神的启示，没有一个舵手，没有一个引导的力量，爱迪生决不会有一个科学和数学的精密头脑来感悟宇宙的奥秘。天体行星沿着一定轨迹转动不息，年复一年，日复一日；种种创造的神奇，生活的异彩纷呈，以及动物、植物和矿物神奇的生命，都使他相信宇宙间必有神。"

第三节　富尔顿
——从来不因失败而垂头丧气

富尔顿（1765年～1815年），美国人，工程师、发明家、轮船的发明者。1765年，富尔顿生于美国的宾夕法尼亚州的兰卡斯特，1815年2月23日富尔顿去世，终年只有50岁。虽然他的生命比较短暂，但他对人类的贡献将永远写在历史上。从1807年富尔顿发明建造蒸汽轮船"克莱蒙特号"以来，轮船经历了半个世纪的洗礼仍然被广泛使用，成了水上交通的主要工具。即使后来螺旋桨式轮船取代了富尔顿的"明轮"船，但是在一些古老的内河上，仍然可以看到富尔顿"明轮"船的影响。富尔顿的一生不是大富大贵，还历尽艰辛挫折，但最终成功发明并制造了用蒸汽机推进的新型船只，并先后制造了17艘各种轮船。他推动世界船舶史迈出了重要的一步。

积极发现身边的问题

富尔顿小时候非常好动，喜欢登高爬树，下河游泳，还特别喜欢画画，画的画栩栩如生。富尔顿9岁的时候父亲去世了，家境进一步恶化，可是他仍然贪玩，功课学得不好，常常被老师和家长批评。虽然他玩心太重，不过富尔顿很聪明，喜欢动脑子。

富尔顿家门口有条小河，一天，富尔敦偷偷跑出去，来到河边，解下绳子，登上一艘小木船，划着木桨钓鱼去了。小船划到一半的时候，忽然刮起了大风，他无论怎么使劲地划动木桨也无济于事，费了九牛二虎之力，小船也才走了几米远。他不得已扔下小船，自己游着回到了岸边。

在回家的路上，他的问题接二连三地涌了出来：为什么小船迎风就划不动呢？为什么人怎么用力划桨也没用？如何不费劲就能使船划动呢？有没有什么办法让船顶着风也能动呢？这天晚上，富尔顿失眠了，在床上翻来覆去睡不着。

第二天，风和日丽。富尔顿又跑到河边玩耍，他再次跳上那只木船，想亲自体验一下昨天思考的那些问题。想啊，想啊，他忘记了手里的船桨，两只脚伸到河里，随意地晃动着。不知什么时候，小船竟自己慢慢到河中心了。

这时富尔顿才猛地惊醒过来：啊！我是怎么来到河中心的？他想到了：是靠他的两只脚不停地晃动、捣动，这样也能把船划动的。

问题又来了，富尔顿想：为什么两只脚不停地晃动就能让船划动呢？有没有什么东西可以代替两只脚呢？

回到家，富尔顿就找来纸和笔，不停地涂抹。画着，画着，他突然兴奋地跳起来：如果在船上装一个类似风车的轮子不断拍打河水，不是和双脚搅动河水使船儿前进一样吗？他很快地将船装上桨叶、轮子的结构图画好了。

可是事情看似简单，实行起来却很难，怎样才能将画上的桨叶轮变成现实呢？富尔敦这才意识到自己的知识太短缺了。从此，他再也不贪玩了，把心思都用在学习上，但他一直没忘记造船的事情。

没有随随便便的成功

富尔顿 22 岁那年，专门前往英国伦敦学习绘画。正好赶上大发明家瓦特 50 岁大寿，瓦特请他为自己画一张肖像图。这样，他认识了蒸汽机发明者瓦特和其他一些有名的机械发明家。他了解了蒸汽机的相关原理，对机械技术更加产生了兴趣。瓦特对他的启发很大，他觉得自己的"造船梦"不能就这么放弃了，他要重新拾起来，后来他改变了自己的想法，他不要当画家，他要当一名发明家。

在那段时间里，他一边工作一边自学高等数学、物理、化学和透视图的知识，还努力学习了法文、德文和意大利文。自从 1782 年英国人瓦特发明蒸汽机以后，很多人都在努力制造蒸汽轮船，可是没有一个人成功。

其实有个美国人西敏敦曾经发明了一条叫"夏洛托·敦达斯号"的蒸汽机船，这是一艘能载重 70 吨货物的大木船，但却遭到了运河经营者的反对，他们强加理由斥责西敏敦的蒸汽船给河流带来了破坏，极力阻挠船只下河。从此，造船的事告一段落，谁也不敢再提造轮船的事了。西敏敦也默默无闻地消沉下去了，最终销声匿迹。伟大的科学发明眼看就要被扼杀在摇篮里。

富尔顿不甘心，他决心一定要造出蒸汽轮船。他总结了前人失败的原因，决定靠自己的知识制造一艘新的蒸汽轮船。

1793 年，富尔顿来到法国巴黎向拿破仑请愿制造蒸汽轮船，得到了拿破仑的支持。他前后用了 9 年的时间，先从制作模型开始，再到实际制造，经过不断改良，终于在 1803 年建造出第一艘蒸汽轮船。没想到在塞纳河第一次下水试航时，强烈的狂风把船吹翻，试验失败了，富尔顿的心血付诸东流。

富尔顿很伤心，但并没有因此灰心丧气。1806 年，他来到了美国纽约，带着自己的设计图稿，带领一些工人在东河附近重操旧业，并得到了相当一部分人的支持，他开始投入到发明创造中，制造新轮船。1807 年，他重新建造了一艘比之前更好的蒸汽轮船，命名为"克莱蒙特号"。这艘大船长 45 米，宽 4 米，吃水深度 20 英尺，是一艘木船，船上装了一台当时最先进的瓦特蒸汽机。

8 月 17 日，"克莱蒙特号"蒸汽轮船要下水试航了。航线从纽约出发，沿哈得逊河逆流行驶，终点是阿尔巴尼城。这天清晨，河岸两边挤满了围观的群众，大家拭目以待。只见"克莱蒙特号"遥遥领先，把一艘艘帆船抛在后面，沿岸观众都兴奋地欢呼起来。"克莱蒙特号"只用了 32 小时就完成了全部航程，共计 240 公里，那些普通的帆船却需要四天四夜。这说明首次试航成功。

"克莱蒙特号"的试航成功，宣布了船业发展史进入了一个新时代——蒸汽轮船取代了人力帆船，机器取代了人力。

富尔顿并不是随随便便就成功了，这中间，他不知费了多少心血，流了多少汗水。富尔顿是一个善于总结别人教训的人，并从中吸取有用的经验。他十分看重机械的作用，采用当时最先进的设备与船配合。可以说，他才是第一个真正在蒸汽轮船制造领域取得成功的人。

经过不断改进，"克莱蒙特号"的航速越来越快，已经达到每小时 6～8 英里。1808 年，富尔顿又建造了两艘轮船，逆水航速达到每小时 6 英里，可以连续航行 150 英里。

在以后的几十年里，蒸汽轮船不断被人们改进，不久竟横渡了大西洋。

富尔顿发明的蒸汽轮船"克莱蒙特号"使用蒸汽机带动"明轮"产生动力，帮助船只前进。这里提到的"明轮"是指安装在船两侧或船尾的一种桨叶，桨叶转动向后击水，在水的反作用下推动船只前进。明轮就像安装在船上的大轮子，所以，当时人们称这种船为"轮船"，这一叫法一直沿用到现在。

用明轮推进船只前进，效率还不是很高，特别是遇到特大风浪时，桨叶常常会露出水面空转，船只的平衡性受到干扰，摇晃得很厉害。

1836 年，英国有个造船工程师制造出一种既像风车、又像电风扇叶片一样的螺旋桨，安装在船尾下端，并和蒸汽机一起使用，代替了先前的明轮器。这样，船在航行时螺旋桨能全部淹没在水中，不会露到水面上。因此，有人将它称为"暗轮"。这种轮船遇到大风浪也不怕了，助推效率也提高了很多。

后来，英国伯明翰城正在修建大运河。富尔顿再一次发挥了他的聪明才智，为了提高工程技术，他甚至到运河工地研究问题。经过不断实践活动，他还发明了可以升降船只的复斜板，还发明了卷绕缆绳等工具。富尔顿在诸多失败之后并没有灰心，反而越挫越勇，他的精神促使他取得了巨大的成功。

第四节　诺贝尔
——用巨大财富创办诺贝尔奖

1833 年 10 月 21 日，一个瘦小的婴儿在瑞典斯德哥尔摩一个技师家庭出生了，他就是后来鼎鼎有名的炸药大王诺贝尔。诺贝尔是瑞典伟大的化学家、发明家、工程师和炸药的发明者。他的一生拥有350项专利发明，其中炸药对人类的贡献最大。后来，人们为了纪念诺贝尔，专门为那些在科学上有所建树的人设立了"诺贝尔奖"，并授予证书和奖金，鼓励人们不断在科学的道路上继续前进。

认真宣传改良炸药的意义

诺贝尔从小体弱多病，意志却很顽强，从不甘心落后。诺贝尔的父亲就像个老师一样注重启发小诺贝尔的兴趣爱好，常常讲一些科学故事给他听，还鼓励他长大也要做个有用的人。诺贝尔的母亲是一位知性妇女，她有文化有修养，乐观豁达，谦虚有礼，又注重实际。她对孩子既爱护又严肃，常常带着小诺贝尔去感受大自然，做一些浇花、锄草、打扫卫生的劳动。

诺贝尔8岁进了当地的一所小学，小学是他一生中唯一一所接受正规教育的学校。由于诺贝尔总是生病，时不时就要请假在家休息，但只要在学校里，他就非常努力学习，所以他的成绩总是名列前茅。当时，诺贝尔的父亲因工作出现问题，到邻国芬兰去谋职，他和母亲仍然留在斯德哥尔摩生活。

17岁的诺贝尔已经长成了一个大小伙子，他以工程师的身份远渡大洋，去了美国，在当时很有名的艾利逊工作室里实习。实习期结束后，他又到欧美各国游学了4年才回到家中。在游学中，他每到一个新地方，就马上开展工作，详细了解各国工业发展的情况。诺贝尔的身体一直很差，加上没有得到好的休养，1854年的夏天，他的身体越来越差，在迫不得已的情况下，只好先放下工作去医院治疗。

躺在病床上，他给父亲写了一封信："我希望很快能结束这种漂泊的生活，开始有充实的新生活。现在的这种生活只是在浪费我的时间，实在让我讨厌。"还没有等身体完全恢复好，他就立刻投身到工作和学习中了。

诺贝尔的父亲 1859 年才搬回家乡瑞典。当时，各国矿业大肆兴起，许多国家迫切发展采矿业，提高采掘速度，单单靠人的挖掘已经不能满足，炸药的需求是一个急待解决的大问题。对各国工业情况有深入了解的诺贝尔，决心改进炸药生产。

就在这个时候，一个爆炸性新闻传来：法国人发明了性能良好的炸药。其实这只是个谣传。原来，法国有名的机械专家皮各特将军在研究改进子弹的速度时，发现用现有的炸药不能很好地解决问题，改良炸药的问题迫在眉睫。于是，皮各特组织部队力量，开始着手研究炸药。这件事让诺贝尔着急了，激励他全力以赴要赶在别人前面发明改良炸药。

诺贝尔把自己关在实验室里一天到晚不出来，翻阅资料，设计方案，一次又一次重复地做着各种炸药试验。

他的父母知道制作炸药非常危险，对他做实验很不高兴。有一天，父亲郑重对他说："孩子啊，你的专业是机械，就应该专心搞机械，不要把心思用在别处。"诺贝尔说："您不知道，炸药的作用可大了，一旦用在生产上，就会给人类创造许许多多的财富。危险不可避免，我会注意安全的。"从此，诺贝尔经常向亲朋好友介绍改良炸药的重要意义。这以后，支持、赞同他的人越来越多，连当初坚决反对的父母也被他的决心所感动，只好默许了。

克服尴尬局面，成就伟大事业

在诺贝尔之前，很多人都研究和制造过炸药，中国是最早制造炸药的国家，那时黑色火药早已传到欧洲各国。意大利人苏伯莱罗在 1847 年发明了硝化甘油，这是一种威力比火药还大好几倍的炸药。但是，这种炸药很容易被引爆，制造、存放和运输都要小心翼翼，人们很怕使用它。

1862 年初，诺贝尔的哥哥也在做炸药的实验，他试图用硝化甘油制造出性能更好的炸药。他想：硝化甘油是液体，不容易控制，如果把它和固体火药混合在一起，说不定可以做成很好的炸药。他反复试验，结果却发现：这种炸药在放了几个小时之后，威力大大减弱，性能反而更差了。诺贝尔的哥哥失败了。

诺贝尔继续着他的试验。以前，人们用导火索点燃火药引起爆炸，安全可靠。但是，硝化甘油本身就容易自行爆炸，又不容易受人的控制，所以在发明出来的十几年里，硝化甘油大多用来治疗心绞痛外，并没有人把它当炸药用。

1862 年春末夏初的一天，诺贝尔做一次很重要的实验：他把硝化甘油注满一个细小的玻璃瓶，塞紧瓶口；然后，又把这个玻璃瓶放入一个金属管里，里面塞满黑色火药，接入一只导火线后，把金属管口密封住；点燃导火线后，马上抛出金属管。结果，"砰"的一声巨响，炸药爆炸了，威力果真比以前的黑色火药要猛烈得多。这说明所有的硝化甘油已经充分爆炸。这次试验启发了诺贝尔，他总结出：在密封容器内，黑色火药先爆炸，然后再引起硝化甘油完全爆炸。

1863 年秋，诺贝尔和他的弟弟在斯德哥尔摩海伦坡建立了一所实验室，专门研究硝化甘油炸药。经过多次的试验，到了年底，诺贝尔终于找到了使硝化甘油爆炸的最有效方法。起初，诺贝尔用黑色火药做引子；后来，他改用雷管来引爆硝化甘油。1864 年，他取得了巨大成功，这项发明也获得了专利权。

成功，也带来了巨大的挫折。1864 年 9 月 3 日，实验室制造硝化甘油时引起了强烈爆炸，当场炸死了 5 个人，其中就有诺贝尔的弟弟。这个事故发生以后，周围的群众十分担忧，强烈反对诺贝尔他们在那里做试验。

结果，诺贝尔只好把实验室搬到了斯德哥尔摩附近的马拉伦湖，在一只荒无人烟的船上制造硝化甘油。几经挫折，1865 年 3 月，诺贝尔在温特维根找到一处合适的地方，在那里创建了世界上第一个硝化甘油工厂。

在诺贝尔前进的道路上，真是坎坷不断。世界各国都从他那里购买硝化甘油，经常发生事故：美国的一列火车因此而变成了一堆废铁；德国的一家工厂因使用了炸药，使厂房和附近居民房成了一片废墟；一艘大海轮在大西洋上遇到风浪发生颠簸，引起炸药爆炸，船毁人亡。这些惨痛的教训，使世界各国对硝化甘油炸药担惊受怕，有些国家甚至下令禁止购买、运输、使用硝化甘油。

面对这种尴尬的局面，诺贝尔没有放弃，他相信总有办法可以解决硝化甘油不稳定的问题。一年过去了，诺贝尔还在做着炸药的试验，他发现：用一些结构疏松的木炭粉、锯木屑、硅藻土等可以吸收硝化甘油，能减少炸药不稳定产生的危险。最后，他用比例为 1∶3 的硅藻土和硝化甘油，第一次制成了相对安全的硝化甘油工业炸药，这就是"诺贝尔安全炸药"。

第五节　西门子
——不断寻找新的生长点和发展点

维尔纳·冯·西门子，1816 年生于汉诺威一个农民家庭，家中总共有 12 个孩子，他排行第四。他是德国伟大的电气工程师、企业家，也是电动机、发电机、有轨电车的发明人，还是改良海底电缆、提出平炉炼钢法、创新炼钢工艺以及西门子公司的创始人。1848 年欧洲革命期间，西门子被迫参加了一些政治活动，但那并不是他的兴趣所在。社会恢复和平以后，他就重返柏林开始了研究工作。从此，西门子把更多的精力放在研究上，最终成为举世闻名的德国"电子电气之父"。

用知识改变命运

西门子 11 岁时曾被送入门岑多夫附近一座小城的市立中学，但不久便中止了学校学习。父母原想让儿女们像其他人一样在学校接受正规的教育，但由于学校离家太远，孩子们又无法照顾自己，于是他们便聘请了一位家庭教师来家中教孩子学习。

家庭教师是一名来自神学院的年轻大学生，名叫施蓬霍贝。父母为他聘请的这位家庭教师为西门子的生活打开了一扇窗，使他的生活发生了决定性转折。施蓬霍贝善于观察孩子们的心理，总是设法调动他们的积极性和动手能力，因此很受孩子们的喜欢，他让西门子从学习中找到了快乐。

在他的启发教育下，西门子和其兄弟姐妹感受到学习是如此美妙，即使没有大人监督，他们也会主动地学习。有时，他们读书到很晚还不肯睡，大人不得不出来哄劝，担心他们劳累过度。这种快乐学习、顺其天性发展的美好时光只持续了不到一年，那位家庭教师就因病去世了。不久，父亲又为孩子们请来了一位家庭教师，这是一位老教师。老教师对孩子们要求很严格，制定了许多规矩，要求他们认真做事，言行举止要文明。但这位老教师年老多病，在西门子家待了两年也因病去世。

　　孩子们渐渐长大，必须要感受一下学校教育了，父亲决定把西门子和弟弟汉斯送入吕贝克文科中学学习。

　　1832年，西门子兄弟俩经过考试，分别插班到该校五年级和四年级。吕贝克中学注重文科的学习，主要课程是古代语言。西门子对学习古典文学很感兴趣，但不喜欢死板的语法。另外，他很喜欢学习自然科学，还自学数学。但吕贝克中学的数学课很少，且内容不多，西门子有时会去高年级听数学课，即使这样，也无法填补他对数学强烈的求知欲望。到七年级时他不想再学习希腊文，于是请人教他数学和测量，希望以后能进入柏林建筑学院。

　　西门子不断努力发明创造的主要动力来自家庭贫困。父母去世后，家里没有经济来源，两个农民弟弟收入有限，负担不起其他兄弟的教育经费。西门子急需财力来支持他学习和搞研究。

在狱中发明镀金工艺

　　西门子的第一项发明是利用电流进行镀金和镀银工艺，是他在狱中完成的。1840年，西门子因为和他人斗殴被判入狱5年。

　　好在牢狱里的生活不那么死板，在监狱中他依然做着自己喜欢的试验，还把牢房当作小型实验室，把所有时间都用来进行研究。就在这里，幸运之神降临了。他在电解试验中取得了惊人的成功，那就是在一把勺子上面镀了一层金。他感到从未有过的快乐，甚至忘记了自己的处境。在劳教期间，他改进了镀金技术，并递交了一份专利申请书，拥有为期5年的普鲁士专利。后来，国王网开一面，特赦他回到社会，他重获自由。第二项发明是改良印刷机，旋转式快速印刷机不久后面世。

　　不久，他被派往德国柏林，为炮兵工厂服务。在那里，利用镀金技术入股，分红盈利，还和别人一起建立了一个镀金镀银部，这是德国第一家镀金制造部门。

西门子的弟弟威廉从学校毕业后也加入了他成立的团队。威廉成功地把镀金镀银技术传到英国，将自己的事业转移到了美国。

> 1844 年，西门子受邀参观了在巴黎举办的一场法国工业博览会，受到了很大的启发。回到柏林后，他认真回顾了自己以往的经历，决定放慢脚步，不再继续他的试验，他决定进入柏林大学听课学习，从事严谨的学术工作。
>
> 对此，他认真解释道："只要你还有精力，你就会进步；一旦你成熟了，你也就开始腐烂了。只有不断寻找新的突破点，你才会不断地前进。"

1845 年，西门子发表了几篇权威的科学论文；第二年，他的兴趣突然转向电报事业，也就是此项事业令他名垂青史。西门子他早就与电报结下不解之缘，因为家庭贫困，西门子念完中学就去参军了。服役的日子很漫长，百无聊赖中，西门子对电报技术产生了浓厚的兴趣，1846 年他发现杜仲胶有很好的绝缘性，可用于制作电缆绝缘，不久，他制成了通信电缆。1846 年，西门子从部队退役，他放弃了服兵役 12 年所应得到的退休金，因为想要领到那份报酬，他必须开具伤残证明，他不愿意这么做。西门子认为自己很健康，是个有用的人，觉得电报事业一定会前途光明，将来能给他带来财富，他应该抓住这个机会。

1847 年，西门子和哈尔斯克合作建立了"西门子－哈尔斯克"电报机制造厂，工厂发展迅速，在欧洲许多国家都设立了分公司。在公司创建之前，人脉广泛的西门子就争取到了一笔国家项目——铺设柏林到法兰克福的地下电报线路，这在当时是世界上第一条电报线路。

第六节　侯德榜
——想要研究出更好的制碱方法

侯德榜（1890 年 8 月 9 人～ 1974 年 8 月 26 日），福建闽侯人，中国著名化学家，"侯氏制碱法"的创始人。侯德榜一生在化工方面有三大贡献：第一，解开了苏尔维法的秘密；第二，创立了中国人自己的制碱品牌——侯氏制碱法；第三，为发展小化肥工业做出杰出贡献。

1921 年，侯德榜在哥伦比亚大学取得博士学位后，怀着对祖国的深深眷恋，毅然放弃了自己在外国的事业，投身到工业救国的运动中，随后的几十年中，侯德榜积极传播交流科学技术，培育很多科技人才，为发展科学和化学工作业作出巨大贡献。1990 年 8 月 7 日，侯德榜的半身塑像在南京化学工业公司揭开仪式，纪念这位对祖国制碱事业做出重大贡献的伟大化学家。

社会生产激励科学技术的前进

纯碱，化学名称为碳酸钠，俗称苏打、洗涤碱，是重要的化工用品，广泛用于生产洗涤剂、玻璃、肥皂、纸浆和炼制石油等工艺。纯碱在自然界中也有，但分布不集中，且纯度低，远远不能满足工业需要。

1862 年，比利时人苏尔维首先利用化学方法制造纯碱。他所用的制造纯碱的主要原料有石灰石和食盐，制造的基本过程是：先将高浓度食盐水通入氨水饱和后，再利用石灰石不断煅烧产生的二氧化碳与上述饱和的浓盐水反应，生成碳酸氢铵。碳酸氢铵再进一步与食盐反应，最后生成碳酸氢钠和副产物氯化铵。碳酸氢钠溶解度非常低，经过过滤析出后，再加热，放出二氧化碳并得到纯碱。二氧化碳可再循环利用。副产品氯化铵可与熟石灰反应，生成氯化钙和氨气，氨气融进水里得到氨水再次循环使用。

这种制碱方法被称为"苏尔维法"，自使用以来 70 多年无人打破。这种方法的可取之处是：反应生成的二氧化碳和氨气可重复使用，减少浪费，且工艺简单，原料容易取得。但是，它也有缺点：一是食盐只有 70% 左右的利用率；二是氯化铵和熟石灰反应后生成的大量氯化钙没有可用之处，又无法处理，对环境也有一定危害。当时，世界上许多国家的化学家也曾建议并试图改进此方法，但都没有成功。

1921 年 10 月，侯德榜从美国取得博士学位后心系祖国化学事业，毅然回到祖国怀抱，首先在塘沽建立了永利制碱厂。当时，苏尔维制碱方法被国际集团垄断者垄断，要想发展本民族的制碱工业，摆在眼前的困难和阻力可想而知。侯德榜排除万难，顶着压力，深入现场指导，亲身实践，刻苦钻研制碱技术，不断改进设备和工艺上的问题，终于在 1924 年建成了真正意义上的碱厂。

该厂制碱日产量高达 180 吨，纯碱白花花、亮晶晶。塘沽制碱厂的建成，不仅在技术上有所突破，最重要的是打破了国际上苏尔维集团的垄断。该厂生产的"红三角"纯碱，1925 年荣获美国费城万国博览会的金质奖章，中国化工业终于有了一席之地。而且，侯德榜通过自身努力，掌握了精湛的制碱技术，为制碱新技术奠定了有力基础。他还于 1932 年出版了著作《制碱》，书中全面介绍了苏尔维制碱法，象征着他揭开了苏尔维制碱方法。这本论著让中华民族扬眉吐气，立即轰动了整个科学界，被世界认为是制碱工艺的最好作品。

科学是无止境的，社会生产激励科学技术不断前进。1937年抗日战争爆发后，天津沦陷。1938年，政府命侯德榜负责在内地四川王通桥建立新的制碱厂。

然而新的问题来了，塘沽制碱厂用海盐做原料，浓度高，而在四川建厂只能用井盐，井盐浓度低，成分也略有不同，如果还用苏尔维法就不太适用；加之用苏尔维法制碱所产生的大量氯化钙无法处理，只得大量堆积，这些问题促使侯德榜去探索新的制碱途径。

这时，德国人发明了一种察安纯碱生产法，虽然工艺还不太成熟，但优点是可利用制碱废液生产副产品氨化铵，这对侯德榜有很大启发。于是侯德榜去了德国作考察，商量购买此项专利，但外国再次想垄断此行业，既不准参观工厂，也不允许购买此专利。侯德榜不甘心，下决心自己走出一条路。

拥有将想法变为现实的决心

为了改革苏尔维制碱法，创造自己的制碱新工艺，侯德榜克服了重重困难，在香港建立了自己的实验室。为了找到合适的方法，连续做了500多次试验，化验了2000多种样品，针对苏尔维法的缺点，根据自己设计的生产工艺流程去构思。为了将想法变成现实，他又去纽约和上海租界继续进行中间试验，终于在1940年成功完成了制碱工艺的全部工作。

侯德榜创造的侯氏制碱法，是把制碱与合成氨组合起来，这种工艺被称为"联合制减法"。这个方法既保留了原有的苏尔维法，同时又克服了它的缺点，使制碱法达到了比较完美的程度。他的主要做法是在碳酸氢钠结晶过滤以后，在剩下的含有氯化铵的母液中，不再加入熟石灰，而是加入食盐。这样，溶液中的氯离子大量增加，氯化铵最后就被沉淀下来，剩余的钠离子又会重复之前的反应，生成纯碱。

这样，只要不断在母液中加入食盐，就能同时得到纯碱和氯化铵这两种化工产品，氯化铵是重要的化工肥料。采用此方法制造纯碱，不仅使盐的利用率达到 96% 以上，而且整个生产流程能够连续进行。此外，此方法还具有节约石灰原料、操作简单等诸多优点。

由于侯德榜在制碱方面做出了杰出贡献，他发明的这个方法在 1941 年被世界化学工业协会正式命名为"侯氏制碱法"，并得到国内外化学界的广泛称赞。

"侯氏制碱法"，多么响亮的名字，它是以中国人的名字命名的。在中国饱受外国帝国主义侵略、欺辱的时候，在被别人称为"东亚病夫"的时候，一个中国人的名字在世界崛起了，将世界制碱科学史推上一个新台阶。这表明中华民族并不比其他民族差，一样充满着智慧和力量。

侯德榜晚年又将他从事制碱工业 40 年的经验总结成《制碱工学》一书出版。这本书将"侯氏碱法"系统地奉献给读者，达到了制碱工艺的最高峰，在国内外学术界引起强烈反响。

侯德榜为化学事业所做的重要贡献受到人们的崇敬和爱戴，英国皇家学会聘请他为名誉会员，这个荣誉在当时的中国只有一个名额，美国化学工程师学会也聘他为荣誉会员。

第7章

一心为民:飞翔梦想与综合国力紧密相连

只有具备高度发达的科学技术和科研能力,才能发展载人航天事业。美国的一份官方报告称:"载人航天所取得的各项重大成就仍对当今世界格局和国际地位产生着极其重要的政治影响。"可以说航天事业的发展利国利民,就拿我们日常生活用品来说,很多都是载人航天技术转为民用的产物。所以每个国家都在为载人航天事业的发展而努力,尤其是那些伟大的先驱们……

第一节　齐奥尔科夫斯基
——不想让人类束缚在地球摇篮里

康斯坦丁·爱德华多维奇·齐奥尔科夫斯基（1857 年～1935 年），俄国和苏联科学家，现代航天学和火箭理论的奠基人。生于俄国伊热夫斯科耶镇（今属梁赞州），童年时期因为几乎完全丧失听觉辍学，14 岁开始自学，并顺利读完中学和大学数理课程。1880 年开始在卡卢加省博罗夫斯克县立学校任教并开始研究工作。在人类航天史上，有三位科学家的名字将永远留在历史上，他们就是俄国的康斯坦丁·齐奥尔科夫斯基、美国的罗伯特·戈达德和德国的赫尔曼·奥伯特。齐奥尔科夫斯基被称作是"现代宇宙航空学的奠基人"。

视磨难为成功的先决条件

齐奥尔科夫斯基首先验证了利用火箭进行星际交通、制造人造卫星和近地轨道站的可能性，找到了发展宇航事业和制造火箭的最佳途径，找到了火箭和液体发动机构造的整体工程技术和解决办法。他曾经说过："地球是我们人类的摇篮，但人类总要长大，不可能永远待在摇篮里。"

童年时代的康斯坦丁淘气又聪明伶俐，爱看书，喜欢思考各种问题，尤其是喜欢幻想。回忆童年时，他说："小时候，为了让弟弟听我的想法，我还给他零用钱花。我幻想过我有很大的力气，幻想我像小猫一样，爬上高墙和竹竿。"

　　由于家庭贫穷，康斯坦丁没有到学校读书，他受过的比较正式的学校教育就是在伊耶夫斯科的乡村上一所村办学校。但不幸的是，10岁的时候，他在滑雪的时候患上了重感冒，继而又引发了猩红热，几乎失去了听觉。从那以后，康斯坦丁似乎被关上了通往外界的大门。康斯坦丁回忆说："我的耳朵和聋子没两样，周围的孩子们总是嘲笑我，这个成了我的致命缺陷，使我和人们疏远了，但却激励我努力读书，用幻想来忘记所有的烦恼。"他的自尊和心灵受到了伤害，为了弥补这方面的缺陷，康斯坦丁总是把自己幻想成伟大的英雄人物。

　　历史上很多伟大的人物早期都遭受过命运的不公，这些磨难似乎成为他们成为伟人的试金石。康斯坦丁由于耳聋与外界失去了联系，封闭的世界让他走上了独立思考、喜欢幻想的道路。在学习知识的同时，他通过多种渠道对自己掌握的知识进行验证。

　　有一次，他自己做了一个量角器，在家里就测量出了与远处火警望台的距离。然后，他又用步子进行测量，发现结果完全正确，这大大增加了他的信心，他开始认识到理论知识对实践生活的重要意义。

　　随着年龄逐渐增长，父母觉得孩子应该进入学校学习。在16岁的时候，父亲用辛苦攒下的钱送他到莫斯科去求学，莫斯科的学习气氛显然比乡下要好很多。在莫斯科的三年多时间里，齐奥尔科夫斯基把自己关进图书馆。家里按时给他寄来15卢布生活费，但他为了省钱，只吃最便宜的面包，把节省下的钱都用来买书和学习工具。他靠自己的毅力自学了解析几何、高等代数和微积分，又学习了物理和化学，还根据自己的兴趣学习天文学，学累了就读一些小说和杂志。

　　在莫斯科，齐奥尔科夫斯基为自己不断收获新知识而感到兴奋，但由于吃不好睡不好，导致了他营养不良，他的身体越来越虚弱了。

1876 年的一天，他父亲的一个朋友在莫斯科偶然碰见了他，被他的脸色和虚弱的身体吓了一跳。齐奥尔科夫斯基是个十分勤恳的人，从小志向远大，希望能够有所作为，做一个对社会有用的人。他学习刻苦，对知识有极大渴求，这为他以后从事科研工作奠定了坚实的基础。

寄希望于探索未知领域

1877 年秋天，齐奥尔科夫斯基顺利拿到了乡村中学教师资格证。4 个月后，他被聘用为卡卢加省波罗夫县一个中学的数学教师。在波罗夫县，他租了间小屋子住了下来，房东是一个命苦的寡妇，有一个女儿叫索科洛娃。齐奥尔科夫斯基与索科洛娃相爱了，他们结了婚。婚后，齐奥尔科夫斯基一边教书一边搞实验。

1881 年，齐奥尔科夫斯基对气体理论进行了大量的研究和考证，并发表了一篇论文，投到彼得堡物理和化学学会。

学会的科学家们看到齐奥尔科夫斯基的论文后十分惊奇，因为论文的内容和结论非常正确，堪称完美，但这个问题早在以前就有了结论。尽管如此，科学家们并没有把这个年轻人当成是剽窃者，他们通情达理地认为：这个年轻人缺乏与外界的沟通，可能并不知道他的"成果"已经解决多年了。著名科学家门捷列夫给齐奥尔科夫斯基写了一封委婉的回信，对他的努力表示赞赏，还鼓励他将来取得更多的结果。

1892 年，齐奥尔科夫斯基对飞艇产生了浓厚的兴趣。他曾公开发表了许多有关飞艇的论文，提出了用金属制造硬式飞艇的想法。同时他还研究飞机，但由于手头经费不足，实验无法进行。这让他认识到，像飞艇和飞机这类大型的工程研究，单靠他微薄的力量，很难取得有效的成果。因此他觉得理论研究工作更重要，开始把主要精力放到太空飞行研究上。

在齐奥尔科夫斯基的一生中，他最喜欢、花费精力最多、取得成就最大的领域是航天事业。从小到大，有关航天的问题一直吸引着他。他在 1911 年回忆说："在过去很长一段时间里，我和很多人一样，认为火箭只是一种用途不大的工具。我都想不起来我是从什么时候开始关注有关火箭的问题的。对我来说，儒勒·凡尔纳的幻想小说为我播下了一颗航天梦的种子，它们在我的头脑里形成清晰的方向，我才开始把它作为我生活中重要的活动。"

齐奥尔科夫斯基充满热情，也踏实沉稳，善于探索。在一篇名为《太空火箭工作：1903 ～ 1927 年》的文章中，他全面总结了自己在火箭和航天学研究工作中取得的成就。然后，他对航天未来的发展道路进行了无限展望。

第二节　奥伯特
——星际旅行之梦也是世界之梦

赫尔曼·奥伯特（1894 年 6 月 25 日～ 1989 年 12 月 28 日），德国著名火箭专家，现代航天学的奠基人之一，著有经典航天学著作《通向航天之路》。奥伯特还创建了以下条件之间的理论关系：火箭速度、飞行距离、飞行时间、燃料消耗、燃气消耗速度、发射阶段重力等问题，这些问题是火箭设计中最基本的要素。奥伯特的贡献影响了整整一代航天专家，被称为"航天事业的奠基人"之一。我国著名科学家钱学森年轻时正是受了奥伯特的著作《飞往星际空间的火箭》的影响，最终走上了火箭和太空研究的科学道路。

揭开航天时代新的一页

奥伯特 12 岁时迷上了凡尔纳《从地球到月球》这本书，从而迷上了星际旅行。从此，他对火箭和航天产生了浓厚的兴趣。1922 年，他充分认识到人类飞入太空需研制的承载工具已经可以变成现实。

他觉得只有火箭才能在真空状态下的太空中飞行，人完全可以乘坐火箭这种飞行工具到太空中去，也很安全。这一年，奥伯特向海德堡大学递交了题为《飞往星际空间的火箭》的论文，当时他的想法没有得到认可，还被断定是不切实际的。

1923 年，奥伯特的论文《飞往星际空间的火箭》才得以发表。论文中他对作为多级空间运载工具的火箭做出了重要的数学论证，并对未来的火箭、宇宙飞船、人造卫星以及宇宙空间站都做了详细的设想。这篇论文立刻引起了德国航天界的轰动，让许许多多德国青年像奥伯特小时候一样，对宇宙旅行充满幻想。

从 1924 年 ~ 1938 年这十几年时间里，奥伯特一直在一所中学里默默做着数学和物理老师，但他一直没放弃对火箭的研究。1927 年，他和一些有志青年成立了宇宙航空协会，出版了名为《火箭》的刊物。1929 年，又一本有关航天的著作《通向航天之路》出版。1930 年，日后著名的航天专家，当时还是学生的冯·布劳恩加入了他们的小组，成为奥伯特的助手。

第一次世界大战爆发后奥伯特被召入奥匈帝国军队当兵，不得不中断了医学学习，但他仍不忘宇宙航行的理论研究。1938 年，奥伯特在维也纳工程军院从事火箭研究工作，后又在德累斯顿大学研制液体燃料火箭的燃料泵，但他还是主攻固体火箭。

1940 年，奥伯特加入德国国籍，1941 年到佩内明德研究中心参与 V-2 火箭的研制工作。他的贡献主要是火箭理论方面，他的经典之作《飞往星际空间的火箭》已经在 1923 年发表，1929 年经过补充和修改后，正式改名为《通向航天之路》。这本著作对早期火箭技术的发展产生了较大的影响。

1951 年，他离开德国前往美国与冯·布劳恩合作，共同为美国航空领域做规划。这期间他还出了两本书，一本是《十年内火箭发展可能性展望》，另一本是《人类登月往返可能性探讨》。

将成果清晰地展现给人们

奥伯特将他个人的研究成果进行了整理汇总，就是前面提到的论文《飞往星际空间的火箭》，并于 1923 年初发表。这篇论文是他的得意之作，共提出以下四个论点：

第一，以目前的科学水平完全能够制造出一种机器，可以载人飞到地球大气层以外的高空；

第二，经过进一步改进，这种航天工具能够达到某种速度，使它不受阻碍地进入太空，而不会落到地球，甚至能够不受地球引力控制；

第三，这种航天工具可以承载人类，而不会给他们的安全带来危害；

第四，在一定条件下，制造这样的工具是非常有益的，以当前的情况可望在几十年内实现。

在书中，奥伯特对下面几个问题做了深入讨论，其中包括：对火箭运动的一般性问题的讨论，对其他构想的太空火箭 B 型的描述，对理论上的宇宙飞船的具体描述等。

1933 年～1942 年，奥伯特和布劳恩等人在研制 A 系列火箭方面取得了初步成功，其中 A-4 火箭被改良为 V-2 导弹。在现实中实现了

19 世纪末、20 世纪初的航天梦想，并培养和成就了一大批有实践经历的火箭专家，对现代大型火箭的成熟发展起到至关重要的作用。V-2 导弹可以说是人类拥有的第一架向地球引力挑战的工具，成为航天技术发展史上的关键一步。

《飞往星际空间的火箭》是一篇至善至美的关于火箭和太空飞行的著作，出版后在世界各国引起巨大反响。1927 年，德国一批火箭专家和航天飞行爱好者联合成立了"宇宙航行协会"。这个协会领先研制成功欧洲第一枚液体燃料火箭，培养了当时欧洲最早的一批火箭工程师和专家，其中就有著名的航天学家冯·布劳恩。在他的带领下，德国在第二次世界大战期间首先研制成大型火箭武器，揭开了航天时代新的一页。

第三节 加加林
——态度服人，脱掉鞋子进飞船

尤里·阿列克谢耶维奇·加加林，苏联人，苏联红军上校飞行员，是世界上第一名航天员，被人们尊称为"苏联英雄"，"苏联太空人"，因为他是第一个进入太空的地球人。加加林是白俄罗斯人，1934 年 3 月 9 日生于苏联斯摩棱斯克州格扎茨克区克卢希诺镇一个集体农庄庄员家庭。1955 年从萨拉托夫工业技术学校毕业后参军。1957 年在契卡洛夫第一军事航空飞行员学校结业，成为红旗北方舰队航空兵歼击机飞行员。1968 年 3 月 27 日因飞机失事遇难。

良好的态度是成功的法宝

加加林刚刚 15 岁时就被迫停止了中学的学业，进入当地一家工厂工作，为的是尽早挣钱从经济上减轻父母负担。工厂的工作又多又累，它不仅需要纯熟的技术和经验，更需要充足的体力。这对于还是个孩子的加加林来说不是一件轻松的事情，但好学的加加林依然每天挤时间去工人夜校学习。

1951 年，他以不俗的成绩从柳别尔齐职业中学毕业，成为一名冶金工人，并继续在萨拉托夫工业技术学校学习。加加林的飞行员道路就是从这里开始的，后来他加入了萨拉托夫航空俱乐部，业余时间就学习飞行。1955 年他从工业技术学校毕业后又进了航空学校，开始在奥伦堡航空军事学校正式学习飞行，1957 年加加林成为苏联军队北海舰队航空军团的一名飞行员。同年加加林组建了家庭。

当时全苏联人都向往着能飞往太空，加加林有幸成为登上太空的第一人。优秀的加加林从 20 多名候选宇航员中脱颖而出，他无疑拥有精湛的飞行技术，还有一个细节帮了他不小的忙。

原来，就在确定人选的前几天，主设计师科罗廖夫在观察宇航员进入飞船时，只见到加加林一人脱下鞋子，穿着袜子进入座舱。这一举动赢得了科罗廖夫对加加林的好感。科罗廖夫说，这位年轻人如此谦虚谨慎，懂得规矩，又如此爱惜他付出心血建造的飞船，于是他更喜欢加加林。脱鞋穿袜虽然只是生活中一个小细节，但就是这个细节却能反映出一个人的细心和敬业精神。加加林也因为这个细节，成功入选为登上太空的宇航员。细节决定成功，看似很偶然，其实是必然的。因此谁要想成功，就不应该忽视细节的作用。

1959 年 10 月,苏联首位宇航员的选拔工作在全国开展。加加林从海选阶段开始,从 3400 多名 35 岁以下的宇航员中脱颖而出,成为 20 名有望入选人员中的一个,并于 1960 年 3 月被送往莫斯科苏联宇航员训练中心培训。在训练中,加加林凭借过人的技术、坚强的性格、健康的身体素质、乐观主义精神成为苏联第一名宇航员。1960 年,加加林加入苏联共产党。

1961 年 4 月 12 日,莫斯科时间上午 9 时 07 分,加加林登上"东方 1 号"宇宙飞船,从拜克努尔发射场起飞,在最大高度为 301 公里的轨道上绕地球一周,用时 1 小时 48 分钟,于上午 10 时 55 分安全着陆,降落在萨拉托夫州斯梅洛夫卡村的空地上,成为世界上首次载人宇宙飞行第一人,实现了人类进入太空的愿望。他驾驶的"东方 1 号"飞船也是世界上第一个载人进入太空的航天器,就在他进入太空 108 分钟的时间里,加加林由上尉荣升为少校。

加加林成功完成史无前例的太空飞行后,全世界都在为他祝贺,莫斯科更以隆重的仪式欢迎英雄的凯旋。轰鸣的礼炮,欢呼的人群,豪华的护送队,还有大大小小的国家勋章都一起围绕在加加林身边。在这次历史性的飞行之后,加加林被国家奖励列宁勋章,并被授予"苏联英雄"和"苏联宇航员"称号,多次出国访问,所到过的 27 个国家有 22 个城市都授予他"荣誉市民"称号。1962 年,加加林光荣地当选为第六届苏联最高苏维埃代表,1964 年 11 月任苏联 - 古巴友好协会理事会主席。

努力到最后一刻

首次太空飞行取得成功之后,加加林没有停止脚步,又进入克夫斯基航空工程学院学习,并出色地完成了毕业答辩,学院推荐他到高等军事学院研究生院当函授生。

加加林也竭尽所能地去训练其他宇航员的工作，1961 年 5 月成为宇航员领导人，1963 年 12 月晋升为宇航员训练中心副主任。在培训其他宇航员的同时，他自己也没有放弃训练，希望有一天能够再次进入太空。1967 年 4 月，他圆满完成了联盟号飞船首次飞行的培训工作。他在进行宇航培训之余，并未放弃自己的本职工作——驾驶歼击机，还专门进入茹科夫斯基航空军事学院继续学习飞行，并于 1968 年 2 月毕业。

正当加加林对未来满怀信心的时候，不幸发生了。

1968 年 3 月 27 日，他和另一名飞行员谢廖金在一次飞行演练中，因一架双座喷气式飞机发生坠毁而罹难。灾难发生的这一天像往常一样没有什么不同，加加林按照计划要驾驶米格 -15 歼击教练机飞行两周，每次半小时。10 时 19 分，飞机升空。10 时 30 分，加加林把飞行情况的讯号发给飞行指挥部，请求允许返航。此后，无线电波突然中断了，谁也没想到，短短 1 分钟后，飞机一头冲向陆地。

灾难发生后，政府立即成立了事故调查小组。经过仔细分析研究后认为："1968 年 3 月 27 日的飞机飞行准备工作是按照正规技术操作完成的。"调查委员会调查了飞机与地面相撞时的情况。

当时，飞机正在两层云带空域里飞行，看不清楚地平线。返航时，飞机本应从 70° 航向向 320° 航向降速转弯，不知道发生了什么突发事件，才使飞机处于临界状态。飞机飞出低层云后，航迹倾斜角在 70° ～ 90° 之间，飞机几乎是垂直冲下来，加加林和另一名飞行员紧急采取措施，使出最大努力使飞机返回正常状态，但当时的飞行高度只有 250 米～ 300 米，离地面很近了，时间也只有 2 秒钟了，他们失败了。年仅 34 岁的加加林就这样离开了他热爱的世界和航空事业。

加加林罹难后，其骨灰被安葬在克里姆林宫墙壁龛里，他的故乡格扎茨克以他的名字加加林命名，他培训所在的宇航员训练中心也以他的名字命名。为怀念加加林首次完成太空的壮举，俄罗斯把每年的4月12日定为"宇航节"，这一天人们总会举行隆重的纪念活动来缅怀这位英雄人物。国际航空组织专门设立了加加林金质奖章。月球背面的一座环形山也以他的名字而命名。加加林成为宇宙时代的代言人，他对人类的贡献人们不会忘记。

第四节　戈达德
——要搞研究，先要战胜疾病

罗伯特·哈金斯·戈达德（1882年10月5日－1945年8月10日）是美国著名航空教授、工程师和发明家，液体燃料火箭的发明者。他创建了火箭运动的基本数学原理，并推算出火箭脱离地球引力时所需的第一宇宙速度。他带领团队于1926年3月16日发射了世界上第一枚液体燃料火箭。戈达德一生共取得了214项专利，其中83项专利在他在世时获得。成立于1959年的美国国家航空航天局戈达德太空飞行中心就是以他的名字命名的。

将一生奉献给火箭设计工程

"昨天的梦想就是今天的希望、明天的现实。"这是美国火箭专家罗伯特·戈达德的一句名言，正是戈达德孜孜不倦的追求精神才使我们今天有机会实现更多的飞天梦想。

戈达德及其团队在1929年发射了一枚比较大的火箭，这枚火箭比之前第一枚火箭飞得还高还快，更巧妙的是它安装有一只压力计、一只温度计和一架用来拍摄记录飞行过程的照相机，这是第一枚设备完善的火箭。戈达德于1935年发射的一枚液体燃料火箭第一次超过了声速。此外，戈达德还获得了火箭飞行器变轨装置的专利，并成功研制了火箭发动机燃料泵、自冷式火箭发动机和其他装置。他设计的小助力火箭发动机部件是现代登月火箭的原型，曾升空到约2千米的高度。

戈达德出生于1882年的美国马萨诸塞州的伍斯特。童年时，他们全家搬迁到马萨诸塞州波士顿。父亲精通机械，是波士顿机械刀具加工商人。戈达德的孩童时代，母亲患上了肺病，身体虚弱不堪，那时的肺病是无药可治的。戈达德身体也不好，没法坚持正常上学。17岁时，全家又迁回了伍斯特。戈达德在老师眼里是个坏学生，他学习不好，留过级。他非常不喜欢学数学，但恰恰是数学帮助他成就了一番事业。

16岁时戈达德读了韦尔斯的科幻小说《星际大战》后对太空产生了兴趣。一个晴朗的秋日，戈达德正坐在家中花园里一棵树下读英国作家韦尔斯的科幻小说《星际大战》，说来也怪，罗伯特说："当我抬头看着天空时，我突然想，要是能乘个东西飞上火星该多好啊。我幻想着有这么一种东西可以从地上升上天空，飞向蓝天。从那时起我变了，我要努力，我给自己定下了人生的奋斗目标。"以后，他认为自己的成就与韦尔斯的书有关系。

戈达德很少说起小时候在树下看书的那一天，但他在心里永远记住了这一天。就在这一天，他突发奇想想发明一种飞行器，这个机器要比什么都飞得更高、更快。他认准了自己的理想，相信自己有一天一定能够成功。他说："我知道首先我要做的就是必须读好书，尤其是数学。即使我讨厌数学，我也必须学好它。"

两年后，戈达德身体素质提高了，可以上学了。他去了伍斯特南方中学，非常努力地学习数学。戈达德的父亲把积蓄都用在了爱妻身上，没钱再给罗伯特交学费了。幸好戈达德遇到了好心人，得到了资助，上了伍斯特的一所技术学院。他的老师也很好，帮他辅导数学和物理学知识。毕业时，戈达德在伍斯特综合技术学院完成了学业，留校当了一名物理教师，后来又上了克拉克大学。

他开始研究多级火箭。多级火箭，指的是安装了不止一个发动机的火箭，每级发动机都可能将火箭推得更高一些。火箭的动力来自容易爆燃的两种气体——氢气和氧气。

为了工作而活着

在克拉克大学只待了一年，戈达德去了新泽西州普林斯顿学院对火箭作进一步研究。他说："我必须通宵达旦地工作，才能明白怎样让火箭飞得比其他飞行器都高。但我太累了，又病倒了，不得不停止工作住进医院。经过医院检查，我患上了和母亲一样的病——肺结核。再这样下去，医生断言我只能活两周，我必须休息。我很想活着，因为我死了就不能工作了。"

两周后，戈达德还活着，他不顾身体还没恢复就又开始工作了。1913年10月，戈达德完成了第一枚火箭设计；第二年5月，又完成了一枚火箭设计。这两次火箭设计为日后的载人航天事业奠定了坚实基础。1914年，美国政府授予他两项专利用来保护他的发明权。

　　斯密森学会为支持罗伯特·戈达德的工作，提供经费帮助他继续研究火箭。1919 年，斯密森学会在《到达极限高度的方法》上发表了戈达德的论文。论文阐述了他怎样研究火箭的数学理论，如何让火箭飞得比气球更高。在论文中，戈达德还阐述了火箭抵达月球的可能性，对登上月球的可能性做了不少介绍，很多人认为戈达德提出的设想是不现实的，简直可以和傻瓜相比。

　　戈达德需要费用继续研究火箭，世界著名宇航员查尔斯·林德伯格帮助他从古根海姆基金弄到了经费，戈达德马上着手研究更大的火箭。20 世纪 30 年代，戈达德在新墨西哥罗斯韦尔一家科研中心开始试飞火箭。他试飞的第一枚火箭是用电力控制的，控制点离发射点有 300 米。他还试飞了一枚用陀螺仪控制的火箭，陀螺仪用来火箭瞄准目标。

　　戈达德所有的火箭科研工作都是在美国完成的，但他的成果在全世界发扬光大。德国科学家利用他的构想建造了用于第二次世界大战的 V-2 火箭。

　　在第二次世界大战期间，戈达德帮助美国军队开发了几种火箭发动机和发射喷气式飞机。他还研制了打击坦克的火箭筒，这是他在第一次世界大战中就做过的科研项目。

　　1945 年，罗伯特·戈达德的身体终于垮了，他因患癌症不幸去世，享年 63 岁。他一生带病工作，但很乐观。他在火箭研究方面取得了重要成果，得到了诸多荣誉，他认为自己的人生是完美的，没有什么遗憾。他说："梦想不知从何而来，我 17 岁时就将梦想变成了现实。"

　　罗伯特·戈达德去世多年以后，他获得了一项特殊的荣誉。1959 年，美国华盛顿地区附近的马里兰建造了一座戈达德太空飞行中心，这是美国第一个用于研究太空科学的大型实验室。戈达德太空飞行中心向世界声明：飞行器可以飞出地球外进入大气层，向美国火箭专家罗伯特·戈达德致以崇高敬意。

第五节　多恩伯格
——他的科学研究属于全人类

　　瓦尔特·罗伯特·多恩伯格，第二次世界大战时期著名的火箭军事专家，在领导研制火箭和导弹武器方面做出了重要贡献。他一生功名显赫，先后获得骑士勋章以及 11 枚其他军功勋章，1943 年，他被授予德国最高荣誉奖章。多恩伯格曾长期为德国纳粹党服务，为其研制了大量先进的杀伤性武器，对世界和平造成巨大伤害。但从正面来看，他是卓有成就的科学家，他的名字在科学发展史上占有重要位置，他的研究成果属于全人类。

"我的理想是让火箭上天"

　　1895 年 9 月 6 日，多恩伯格出生于德国黑森州的吉森城。少年时代在当地一所学校上学，1911 年到 1914 年间，进入吉森学院读书，1914 年应征入伍，为陆军军队服役。后被派往柏林工业大学继续深造学习，攻读机械工程专业，1930 年顺利取得了硕士学位。然后回到军械局担任带头研制火箭武器的任务，当时的他已经是一名陆军上尉。

　　1930 年到 1932 年间，多恩伯格担任固体燃料火箭和液体燃料火箭研制工作的负责人。1935 年他获得柏林工业大学工程博士学位。1936 年到 1945 年间，担任佩内明德火箭研制中心和试验基地的司令官，全面领导军械局的火箭研制、生产工作以及部队训练。从 1944 年起，他还负责德国国防军三军导弹计划的任务，并担任德国导弹研制委员会主席，总管军事和技术工作，负责所有 V 型火箭武器系列和地空弹的研制工作。

　　早在 1927 年，德国就建立了世界上第一所研究火箭的学术性协会——火箭学会。第二次世界大战期间，德国空军和海军非常重视火箭导弹武器，并在各自的领域进行研制工作。由于缺乏统一性的领导，海陆空三军之间出现混乱的局面。因此，德国当局立即采取了一系列紧急措施。第一个措施就是扩大多恩伯格的职权，明确规定，他不仅是佩内明德火箭研制中心和试验基地的司令官，同时也是三军火箭武器装备研制与采办的负责人。佩内明德实际上是一个军事基地，多恩柏格一个人独揽了所有大权。1943 年开始，他向最高司令部司令员汇报工作情况。到 1944 年，他直接向帝国元首汇报，职权进一步扩大。

　　多恩伯格曾说："我并不追求多么完美多么理想的火箭，能上天就行。"多恩伯格领导制造的第一枚 V—1 型火箭是一个实验模型，没有任何军用价值。多恩伯格领导研制的 V—1 型火箭是当时世界上第一个无人驾驶的巡航式飞行器，即使面对英国大量装备战斗机，德国的致命袭击也使英国损失惨重。多恩伯格决定加速 V—2 火箭的研制进度，最短时间内完成了定型工作，德国当局于 1942 年底下令大量生产这种型号的武器。V—2 型火箭是第二次世界大战期间德国使用最多的杀伤性武器。

　　在 V—2 火箭第四次试验成功的时候，多恩伯格说："我们可以这样看，我们已把火箭发射到宇宙空间，并且第一次使用了宇宙空间作为地球上两点的连接点。这已经证明火箭推进对宇宙航行是可行的，这在科学技术史上的意义非常重大。除了海陆空交通外，现在还可以把宇宙空间作为新的领域，这是宇宙航行新纪元的开始！"1944年9月8日，在荷兰的海牙市郊区，多恩伯格指导V—2首次实战发射，袭击伦敦。前后共向伦敦发射了约1000枚V—2火箭。第二次世界大战末期，又向伦敦发射了2000枚V—2火箭。当时，V—2火箭杀伤力强大，能摧毁城市、港口等。

火箭不是用来参与战争的

在靠近哈尔茨山脉的纳德豪森军事基地，每天可生产30枚V—2火箭。多恩伯格看到了英国在逐渐加强空中力量，决定放慢V—2火箭的研究工作，调离大批人员，把研制"瀑布"地空弹的任务列为优先发展对象。

1930年德国陆军开始研制近代军用火箭，但他们缺乏相关的现成经验。虽然俄国的齐奥尔科夫斯基、美国的戈达德和德国的奥伯特等先驱的研究成果已经引起世界各国一些科学家对火箭的兴趣，但没有一个火箭团队能提供相关的研究成果和现成资料，更没有现成的发动机产品可供参考。

那时，多恩伯格意识到，火箭的发展在航空和火炮领域发展前景更广阔，而不是用于战争。因此，他同意陆军和空军可以建立自己的导弹试验基地。陆军导弹试验基地于1936年建在佩内明德的东部，空军导弹试验基地建在西部。多恩伯格两头指导，两座试验中心很快就初具规模。

因为多恩伯格一直为纳粹德国效力，后来被盟军俘获，关进战俘营。1947年，多恩伯格被无罪释放了，然后定居美国。不久，他成了美国宇航学会的一名会员。

1947年到1950年间，他以火箭专家的身份在美国空军部所管辖的赖特——帕特森空军基地担任导弹总设计师。1964年，他成为贝尔飞机公司首席科学家兼副总经理。在美国任职期间，因为长期与导弹打交道，他感受到美国导弹研制和宇宙航行组织工作中存在的一些弊端。他认为合格的国家宇航局负责人"应具有丰富的经验和知识，才能为科学家制定有利目标，并协助他们的工作"。

多恩伯格还建议美国应高效地组织宇宙空间研究，并直接指出，当年德国的某些指导思也同样适用于美国。他认为必须遵循三条基本原则："第一，必须避免工作上的不必要重复；第二，应由一位总负责人掌握最后决定权；第三，上一步骤工作中没有解决的问题，要大力解决，不要搞全面前进。"多恩伯格的指导思想对美国导弹武器和宇航事业的发展产生一定的影响。总之，多恩伯格功大于过，对科学文明的贡献无疑是巨大的。

第六节　钱学森
——无论多艰难都要回国搞研究

钱学森（1911 年 12 月 11 日 – 2009 年 10 月 31 日），汉族，空气动力学家、系统科学家、工程控制论创始人之一，中国工程院院士，两弹一星功勋奖章获得者，先后获航空工程硕士学位和航空、数学博士学位。1935 年 9 月进入美国麻省理工学院航空系学习，1936 年 9 月获麻省理工学院航空工程硕士学位，后转入加州理工学院航空系学习，成为世界著名大科学家冯·卡门的学生。20 世纪 40 年代，他就成为航空航天领域最为杰出的代表人物之一，成为 20 世纪众多学科领域的科学群星中极少数的巨星之一。钱学森也是为新中国的成长做出不可估量贡献的老一辈科学家团体之中影响最大、功勋最为卓著的杰出代表人物，是新中国历史上伟大的人民科学家。

向理想慢慢靠近

1935 年 8 月的一天，钱学森乘坐美国邮船公司的船只只身从上海离开，前往美国。他看着逐渐模糊的家乡上海，心中五味杂陈，默默地对自己说："再见了，祖国。你现在豺狼当道，混乱不堪，我要到美国去学习技术，他日归来为你的复兴效力。"

到了美国，他进入麻省理工学院航空系开始了学业。在学校里他的成绩非常优秀，一直名列前茅。因为他学的工程学科需要到工厂去实践，但那时候美国航空工厂歧视中国人，因此在一年后钱学森选择了航空工程理论，即应用力学的学习。

1936 年 10 月他转学到加州理工学院。对于加州理工学院，钱学森可以说是慕名而来。要知道，洛杉矶市郊帕萨迪纳的加州理工学院航空系里，有一位非常著名的匈牙利裔空气动力学教授，名叫冯·卡门。但后来钱学森怎么都没想到，自己竟然真的有幸成了冯·卡门教授的学生。更没有想到的是，他还是冯·卡门教授门下学生中的一位佼佼者，最后成为冯·卡门教授的得力助手。

航空科学在 20 世纪 30 年代初还处于襁褓之中。冯·卡门在这一领域可是顶尖人物，后来被誉为"超音速飞行之父"。1970 年，月亮上的某一陨石坑被冠以他的名字。

冯·卡门最初见到钱学森时，曾经对他进行了仔细地打量，他看着眼前这位个子不高却仪表庄重的年轻人，想了想，然后向钱学森提出几个问题。钱学森听到问题后稍加思索，然后就极为准确地进行了回答。冯·卡门当时就暗自赞许：这个中国人的思维敏捷而又富于智慧。之后他就高兴地收下了钱学森这位学生。

1945 年初，钱学森成为以冯·卡门为团长的空军科学咨询团的成员。德国投降后，钱学森随考察团到欧洲考察航空和火箭技术。他 1953 年发表了《从地球卫星轨道上起飞》，为低推力飞行力学奠定了基础，在第二年又年出版了《工程控制论》一书。

1955 年钱学森回国，回国前他找到恩师冯·卡门进行告别。冯·卡门当时非常激动地说："你现在在学术上已超过了我！"

钱学森的一生都在默默治学，但不管在什么地方或什么时代，他所做出的选择既是一个科学家的最高职责，同时也践行了一个炎黄子孙的最高使命。他一生的经历和成就，留下了耀眼的光芒，照亮了来路。作为中国航天事业的先行人，他不仅是知识的宝藏、科学的旗帜，也是民族的脊梁、全球华人的典范，他向世界展示了华人的风采。

一心归国，要为国家效力

中华人民共和国成立后，钱学森立即和夫人蒋英商量要赶紧回到祖国，希望为自己的国家贡献力量。但是，这段时间里的美国，以麦卡锡为首对共产党人实行全面追查，整个美国掀起了一股"驱使员工一定要效忠美国政府"之风。钱学森因为被怀疑是共产党人，后来他又拒绝揭发朋友，最后被美国军事部门突然吊销了参加机密研究的证书。

钱学森为此感到非常愤怒，但他因此也找到回国的理由。只是他的归国之行百转千回，实在是阻碍重重……

1950 年，钱学森准备回国，但是在港口被美国官员拦住，之后被美国官员关进监狱。当时的美国海军次长丹尼·金布尔还说过这样的话："钱学森无论走到哪里，都抵得上 5 个师的兵力。我宁可把他击毙，也不能让他回到中国。我的本意不是要逮捕他，放走他的后果太可怕了，这是这个国家干过的最蠢的事。"

钱学森因此遭到美国政府迫害，失去了自由。他忧心忡忡，在一个月内就瘦了大约 30 斤。不仅如此，移民局还无情地抄了他的家，在特米那岛上将他拘留 14 天。后来还是因为收到加州理工学院送去的 1.5 万美金巨额保释金，钱学森才得以释放。

海关没收了钱学森的行李，要知道钱学森的行李可是价值连城的，因为里面有 800 公斤书籍和笔记本，那都是他的科研成果。后来美国检察官再次审查了他的所有材料后，才证明了他是无辜的。

1955 年，经中国政府和周恩来总理的营救，在美国度过了被阻 5 年的漫长岁月的钱学深回到了日夜思念的祖国。

钱学森回国后，看到新中国的发展欣欣向荣，党的各级领导干部廉洁奉公、全心全意为人民服务，他知道自己的国家已经度过了漫长的黑夜。他深深地体会到党的事业是伟大的。1958 年初，他向组织郑重提出入党要求。

因为钱学森回国效力，中国导弹、原子弹的发射向前推进了至少 20 年。钱学森提出的"现代科学技术体系"包括所有通过人类实践认知的学问，"这是个活的体系，是在全人类不断认识并改造客观世界的活动中发展变化的体系"。体系暂分为 11 大部门，即：自然科学、社会科学、数学科学、系统科学、思维科学、人体科学、军事科学、行为科学、地理科学、建筑科学以及文艺理论等。

人们这样评价钱学森：大千世界、浩瀚长空，全纳入赤子心胸。惊世两弹、冲霄一星，尽凝铸中华豪情，霜鬓不坠青云志。寿至期颐回首望去，只付默默一笑中。